目錄

作者序

20160512

「蒼天如圓蓋，陸地似棋局。
世人黑白分，往來爭榮辱。
榮者自安安，辱者定碌碌。」

——羅貫中：三國演義

人一出生就有自己的生辰八字，但是戶口名簿上登記的生日，不一定就是個人的生辰。特別在物資缺乏，百廢待舉年代出生的人，很可能像我一般，不但慢報了戶口，誤報生日，甚至連名字也是在戶政事物所，臨時拼湊出來。身不由己不用說，一輩子的命運也可能因此改觀！多年以後，回首來時路，已難弄清楚到底是造化弄人，還是成人之美？可以確信的是，如果出生就像楚河漢界般分明，每一個人生後就是過河卒子，祇能拼命向前，沒有回頭的餘地！

每個人都走過專屬於他（她）個人獨一無二的路。第二次世界大戰後出生的我們這一代，應該是人類歷史長河裡，最幸運的一個世代。沒有經歷戰爭的恐怖，也沒有經歷流離失所的悲哀。從物資極度匱乏，煤油燈下看書寫字，蹲在沒有抽水馬桶的廁所如廁，和小心避免觸犯政治上的禁忌，到享用陸、空交通的便捷，3C時代的聲光娛樂，與言論、行動的百無禁忌。無論住的是一坪百萬元以上的豪宅，或窩居都市裡的陋巷，一般人的享受，早已超過古代的帝王！若是沒有回顧既往，鮮少人深切體認自己的幸福，和感念一路上相伴或巧遇的人，

也很難體會柏楊撰述《異域》或齊邦媛撰述《巨流河》的苦心孤詣。歷史記載大事，但是升斗小民經歷的瑣事，若非刻意保留，很快就淹沒在亙古長河裡，連隔一兩代的後輩，都無法了解沒有尿布、沒有玩具的童年，更無法想像沒有電話、手機的日子。

生涯不易規劃，小時候立的志向，容易被不斷變遷的個人經歷與環境切割重劃。一個像我這樣，不是從小立志學醫，甚至於半推半就才好不容易上了花

轎的人，能不能成為討公婆歡心的媳婦，直到今天，已經四十五年過去，仍然無法定論。唯一不變的是，既然成為過河卒子，只能拼命向前，做好醫師的本分。外科雖然是技術導向的行業，也像武術一樣講求深厚的底子，也就是說要精通專業素養，能動靜皆宜。當然勤於跑腿，親力而為，才能明哲保身，做到問心無愧。

人的一生，也充滿接連不斷的選擇題，小到要穿什麼樣的衣服，吃什麼飯，大到跟誰約會，要不要提親、結婚，在那裡安家落戶，問題一個接一個，有時候緊迫到令人應接不暇，有時候困難到讓人不知所措。碰到這樣的狀況，常常一個人決定不來，親密的家人就是最好的諮商對象，個人很幸運的另一要因，就是有一個經常和我唱反調的太太。再聰明的人，也有糊塗一時的時候，個人也許小錯不斷，造成太太打從結婚開始，對我充滿狐疑，因此，逐漸養成步步為營的習慣，避免激烈爭執。重大決定，常常兩個人站在兩個極端，經過不斷磨合之後，才從中達成妥協。其中，敗下陣來的，常常是筆者，有時不免懊惱憤怒，但事過境遷之後，回想起來，還不免讚嘆老婆是最忠誠的反對黨，也是讓我免走岔路的最佳煞車手！

詩人威廉・布雷克（William Blake）有一首「一粒沙」的詩，許多人耳熟能詳：「從一粒沙看世界，從一朵花看天堂，掌握無窮於掌心，掌握永恆於剎那。」記錄一名外科醫生未預期人生之旅的冊子，就像布雷克的一粒沙，反應大時代裡，一個小人物可能的際遇。若讀者覺得其中某些情節似曾相識，我們就是同時代的粒沙，一同遭遇風雨飄搖之苦，也一同瞻望日月星辰之美。否則，就當作翻閱沈三白的《浮生六記》或林海音的《城南舊事》一般，在茶餘飯後，一窺不同時代，不同軌道的人的軼事或生活小插曲。

本書得以出版，首先要感謝生我的父母，養我的祖父母，以及一路鞭策我、也鼓勵我的內人佩文，也要感謝幫助我的師長、親朋好友以及提攜我的貴人，不克一一羅列致上謝忱。本書最後階段，有賴本院教材室謝文智設計原版封面，王文志專員襄助，以及時報文化出版企業股份有限公司林憶純主編率編輯團隊成員，潤飾、調整內容，修飾、美化封面，同心協力完成出書，特此致謝。

第一章

過河卒子

1-1

我是誰？

我是誰？剛出生或不須報戶口的人不會有這個困擾，我的困擾來自於很多年以後，母親告訴我，我的「真正」生日是農曆三月十五日，不是戶籍上面記載的日期。日後我的小孩從萬年曆換算民國三十九年（一九五〇年）農曆三月十五日，應該是國曆或洋曆五月一日，也就是勞動節當天，但是我的戶籍生日卻是民國三十九年十二月二日，亦即整整出生七個月又一天之後，我才算「藉藉有名」之士。這半年之差，讓我入學晚了一年，也改變了我的一生！

我爸爸是這無心之失的主要推手，在姊姊出生兩年以後，與我媽媽合作，再造個人。造人成功以後，不知何故，名字一直未取，戶口延宕未報。多年以後，從我爹的灑脫性格與行事風格，可以推測當年的情景。在鄉下大家庭眾多兄弟姊妹（我爸爸有五兄弟五姊妹）裡，雖然貴為長子，排行第三的他，自主權不大，也懶得攬權，甚至也可能不知為誰而生，或為何而生這兒子！直到我出生七個月以後，我二叔要給他女兒報戶口，我才寄在二叔身上，一起去報戶口。也許二叔不記得我的生日，而當時產婆接生的小孩不開出生證明，戶口登記人員也無從查起，自然地以登記的日期當作我的生日！

更妙的是我的名字，我媽媽識字不多又忙碌不堪，不必懷疑她不幫我取名字。書讀到小學畢業的爸爸，或略懂經文的祖父，責無旁貸，但是無從猜測他們父子兩人是否嫌取名字太耗力費神，或者心有旁騖，乾脆放棄不管這日後或許還小有成就的長子或金孫的名字。反正生下來活著，鄉下這麼大，跑也跑不掉。我的命名權，居然落到有常識、但是不太有知識的祖母身上。疼愛我的祖母，知道隔壁村莊裡有個有錢人，名字叫做「錦河」，特別交代二叔，就用這個名字給我這長孫命名，希望我的未來能繁花似錦，錢像河水般，滔滔不絕。銜命報戶口的二叔，果然不負期望，我的名字中間至少有個「錦」字，但是全名不是「錦河」，卻是「錦豪」，是否二叔記錯名字，還是他與戶口登記人員的神來之筆，無從查起。

因為上述陰錯陽差，至今雖然小有成就，卻無緣大富大貴。是否名字雖不遠，卻仍離富貴有點距離！這一字之差，影響可能深遠，至少豪比河不俗。我後來考大學以一分之差險勝，念了台大醫學院醫科，還和同班同學結婚，似乎印證這不俗的表現，自然地也完全超脫我兒時的想像。這意外的人生旅程，從一連串的意外開始。

現代人來人往，許多場合必須核對名字及出生年月日，一輩子活在戶口名簿上面生日的我，實在不曉得、也無從曉得活在真正生日下會是什麼樣的情景？畢竟時光不能倒流，一時鑄成的誤解，可為一名凡夫俗子開啟異樣的人生。

1-2

「中美合作」下的童年

二次世界大戰戰後，緊接著國共內戰，國民黨政府遷台，在一片動盪不安，民生凋敝，物價上漲聲中，我出生的新竹縣芎林鄉下，反而成了少數的淨土。一九五〇年六月二十五日，韓戰爆發，隨後美軍協防台灣，美援物資源源不絕進來。對穩定物價，改善台灣基礎建設，促進工業發展有不可磨滅的影響。

但是鄉下還是鄉下，儘管他鄉烽火連天，此地一簾幽靜。以務農為主的大家庭，過著日出而做，日入而息的生活。堂兄弟姊妹一個接一個生出來，四合院中間的天井，最不缺的就是小孩子此起彼落的哭叫笑鬧聲音。最公平的是每個人身上的穿著。凡是可以取得的布料，我媽媽和堂嬸們，都有辦法將它們拼湊成穿在身上的衣服，或包住兩條腿的褲子，其中不乏印著「中美合作」

麵粉袋的布料，改裝成的衣服，在物資缺乏的年代，靠「中美合作」度過童年的孩子還真不少！

也許是我祖母偏心，或者她有慧眼看出這孫子的性情，在眾多兄弟姊妹及堂兄弟姊妹裡，偏愛帶著我跟她採茶。怕這孫子餓著，到百尺遠的茶園，也帶著便當，裡面是她精心醃漬的醬菜，有時拌著黑糖或醬油。蛋或肉是未來食品，初一十五拜拜時，偶而沾一點，平時想都不用想。也幸好拌飯的是不容易腐壞的蔬食，蒼蠅細菌少來爭食，讓我雖然面有菜色，從來不鬧肚子，也平安順利長大。

第一次接觸玩具，或知道有玩具這回事，至少是小學以後。跟在祖母身邊的日子，多半塑泥巴或抓隻小毛毛蟲逗逗。日後想起這樣度過一天，似乎很無趣，幸虧當時腦海裡沒有無聊的想法。反而最怕的是祖母身邊的親友，在休息時候，總想找我作弄一下，雖然茶園不大，但是個子瘦小的幼童，仍然難逃大人戲弄。

祖母雖然學識貧瘠，知識有限，但是時間到了，該送孫子念幼稚園的常識倒不缺。第一天在祖父母兩位大人護送下，遠征兩公里遠，到達設在一間碾米廠空地裡，隨意圍起來的幼稚園，地點簡陋不在話下。第一次與這麼多陌生兒童相處，非常不自在，很不情願地手拉著手，唱唱跳跳。也第一次喝美援牛奶，由全脂奶粉沖泡，化不開的顆粒仍在，實在難以入口。當然，也第一次感覺這麼無聊的學生生活。忍受三天與過去閒雲野鶴截然不同的日子以後，一向聽話的孫子終於耍賴，拒絕上學。當時和祖母誇口不要念這麼小的學校，要念「大學」，也就是大間的學校。祖母一聽孫子要念「大學」，又在這般因陋就簡的幼稚園裡受盡委屈，自然任由孫子逃學。以後逢人還誇讚她的金孫要讀「大學」。很遺憾的是，我後來考上大學時，祖母已作古多年，無緣分享孫子胡言亂語，許下的諾言。

這一段插曲，儘管在後段人生風浪中，顯得微不足道，但是翠綠童年的時光，資源貧乏，仰賴「中美合作」，儘量物盡其用，從未接觸不能回收、毫無環保的物資，絕對是年輕一代的人所無法想像的！

1-3

過河卒子

就像蝌蚪要變成青蛙，離開終日悠遊的水塘。到了念小學的年紀，父母終於要將祖母保庇下長大的兒子要回來，送到離開都市比較近，我姊姊先去念的新竹市龍山國民小學唸書。當時父母居住的處所及耕作的茶園，在新竹市郊，往寶山鄉的半路上，一座陸軍訓練中心的旁邊，也就是現在新竹科學園區的位置。從後者高科技人才、物資匯流的現況，極難讓大家想像人力當道，牛車載貨，一大片茶園風光的五〇年代。

童年時和父母姊姊相處的日子少，因為父母異地耕作忙得不可開交，姊姊和晚我三年出生的妹妹被帶到身邊作伴。新竹市郊的小學，某種程度上，還是比芎林鄉下的小學更勝一籌。這一點，曾經不管兒子名字的我爹，倒是不含糊。但是卻沒有想到兒子愁雲慘霧，告別朝夕相處的祖父母，形同梁山伯與祝英台，十八相送還不夠，硬要祖父母不時跋涉二十里來看我。五〇年代的鄉下，腳踏車是奢侈品，公共汽車一小時一班，從芎林到寶山，要換兩趟車，來回耗費一整天，與跋山涉水的時間沒兩樣，祖父母能省則省，不時勞動雙腳，渡過以狹窄木橋架設，越過危險的頭前溪。每逢放假，我就像鮭魚返鄉，不辭辛苦，也要過河到對面山下渡假，祖父是經常的護孫行者。

全台灣有幾所以龍山命名的國民小學，最知名的應該是位居首善之區的台北市萬華區龍山國民小學。我就讀的新竹市龍山國民小學，規模很小，一個年級只有四班，在新竹最大的變電所旁，幸虧當時沒有電磁波傷人的報導，我的姊妹和弟弟，都在同一小學讀完六年，後來也都沒事。之後成立的新竹科學園區，就在咫尺之遙，也讓這間規模很小的小學，得以不受少子化的影響，繼續存在。

變成青蛙就要認命，做了過河卒子，也只能拼命向前！進入小學，從ㄅㄆㄇㄈ學起，一步一腳印，打下國語、算術與社會的基礎。一年級班導師葉國豪，治學嚴謹。同學功課沒帶或沒做好，屁股就要準備好。班上有名同學，名字中有「水發」，不幸在「龍山」上就讀，不知是否與學校八字不合，或個性使然，老是犯規，犯規後手扳著講台屁股挨打是常事，挨打後這位同學屁股還會扭曲、動作又誇張，令班導師不知如何繼續下去，更令所有同學啼笑皆非，彷彿看笑鬧劇，雖然距今已近六十年，仍歷歷在目。

從住家到學校有三公里遠，除了有公共汽車行經的一小段路較寬，其餘多是黃泥巴的狹小牛車路，路上免不了拈花惹草，或看訓練中心的阿兵哥出操、刺槍。六年走路上學，雖然辛勞，卻不單調。身兼家長會委員的父親，看到兒子書念得還不錯，高興起來，就訂閱國語日報，希望兒子造詣更上一層樓。我也投桃報李，寫一篇文章投稿，題目好像是「勇往直前」。意外獲得刊登，父親高興地將該報紙拿到老家與祖父分享。之後該份報紙就不知下落。

小學四年級起的班導師黃源乾，一路認真地帶我們到六年級畢業止，惠我良多，尤其畢業前，怕我們上正課單調，常在國語課結束前開始說故事，其中印象最深刻的是《基督山恩仇記》，對當時涉世未深，書讀得不多的我們，這連續劇般的故事，比起日後看的任何書籍、戲曲，都還要精彩萬分，更是一輩子難忘！

1-4

遠足

「遠足」這觀念，據說源自歐洲，為 field trips 在日本統治時代的台灣漢譯名稱。與現在學生的戶外教學，有點近似，但是不完全雷同，反而有點像徒步旅行。在私人汽機車少有，公共汽車也不發達的年代，老師帶領學生出外踏青，透一透氣，見見世面，大概只能靠遠足了。小學生走路，一個小時約三公里，印象中大概以兩個小時六公里為限的名勝古蹟為遠足的目的地。

我們班的第一次遠足，目的地居然是我家附近的一間寺廟——仙公廟，該寺廟離我家一公里遠，離開學校約四公里，對於低年級學生，距離還可以。四個班級接近二百位學生，比起軍隊一個連將近一百五十名阿兵哥，規模差不多，但是和井然有序的軍隊相比，散漫的學生隊伍，前後相距超過兩個連行軍的距離，四個班導師再加上學校支援的兩三位人力，要瞻前顧後，顯然有點吃力。小學生走路不像走路，倒是像野放的羊，漫不經心，一路吱吱喳喳，左顧右盼。目的地不是那麼重要，不用上課才是開心的由來。其時仙公廟只是一間小廟，廟旁種了一些花草樹木，也有小規模的亭台樓閣的造景，我媽媽與家人逢年過節，偶而會去拜拜，實在談不上名勝古蹟。

第二次遠足，距離多了一公里，到新竹市近郊的青草湖。遠足過程與前一回差不多，連景色也高明不了多少，一個比池塘大一點點的小湖泊，配上涼亭和小樹，就是風景區的全貌。當然結果不是那麼重要，尤其世面認識有限的我們，過程的新鮮感覺，也足以回味好一陣子。第三次遠足，已經車、腳並用，先搭公共汽車，到新竹縣的峨嵋鄉，再徒步走到獅頭山，從獅尾開始繞行山路一圈走到獅頭。獅頭在苗栗縣的南庄，當地有幾間小店舖，賣玩具、小吃和紀念品，我也好奇地買下生平第一個玩具，一支便宜但有造型的木製小劍，佩帶身邊，當下感覺好不威風，回家還珍藏好多年。除了幾間廟宇，獅頭山有一個水濂洞，小小的水幕，懸掛在一個不大的天然洞穴外，渾然天成，再加上西遊記的故事，讓我們遐想孫悟空與唐三藏盤旋獅頭山，真是山不在高有水濂洞則名。

小學畢業旅行不僅僅是遠足的終結，更是從未離開過新竹的在下的開竅之旅。第一次搭車長途旅遊，也許是興奮過頭，又沒有相機記錄過程，細節多已遺忘。還好，第一站彰化八卦山大佛，對我們這一票小毛頭，巨大的佛像身影，望之彌高，印象深刻，一時興起，買了一個小佛像，一路帶回家收藏，也帶到上了大學，幾度輾轉搬家後才不知去向。畢業旅行的終點在高雄，隨隊生平第一次到百貨公司，也就是鹽埕區的大新百貨公司，也生平第一次有機會搭乘電扶梯，新鮮、好奇的感覺不在話下。二十二年後，定居高雄，才發現讓我們當時初出世面，非常炫目的百貨公司，以後來標準衡量，不過是一家中型店舖，真是應了前人之言：曾經滄海難為水。

在左營春秋閣，我們留下畢業旅行唯一的一張照片，一行十多名同學，就數我最矮小，和當時發育比較早的女同學相比，足足矮了一個頭。還好當時年紀小，還未開竅，也不會計較。多年以後，同學碰面，發現我居然比這位漂亮女同學高了一個頭，才驀然驚覺古人名言：獨往不可群，滄海成桑田！

人生轉變之大，一如渾沌頓時開通，也如遠足「進化」到旅行，脫離依靠雙腳行走的極限，開始走向另一種文明。

1-5

蘋果奇緣與拍蒼蠅賺零用錢

小時候的水果，都是山上就地取材。自然地，秋天較有得吃，內容包括龍眼、柿子、芭樂和椪柑，偶而吃到香蕉、柚子。因未噴農藥，好吃的部分，早有技高一籌的鳥或昆蟲享用過，以現在的眼光看，這些水果大多上不了市場抬面。即令這樣，在幾近飢不擇食的年代，有東西堪入口，已是萬幸，由不得我們挑三撿四。

第一次看到蘋果的情景，細節雖然記不住，印在腦海的感覺，倒是忘也忘不了。當年不曉得什麼原因，有人送了一盒日本蘋果給祖父，盒子打開，那碩大圓胖的身形，迷人的紅色，硬是把過去習慣看到的粗俗又不登大雅之堂的水果比下去，彷彿不是一般人應該吃的食品，而是神桌上的供品。昂貴是一回事，稀罕又是另一回事，羨煞一堆鄉巴佬。祖父拿出其中一個，再切成許多小片，給大家品嚐。甘甘甜甜，有點像好吃的地瓜，但是香味撲鼻，的確不俗。鄉下食指浩繁，祖父為避免不公平或有什麼閃失，剩下來的蘋果就珍藏起來，不知是否遺忘或鄉下潮濕，有一天等祖父想到再拿出來，蘋果多已潰爛，終於在眾人哀嘆聲中送到垃圾堆，給蛆蟲享用。

務農人家，雖然可以溫飽，但是要有多餘的錢，給小孩當零用錢，根本是緣木求魚。放牛或割草給牛吃，是天職也當然是無給職。住在陸軍訓練中心旁邊，對少年的我，至少有兩點好處：第一是看不用花錢的娛樂節目，第二是撿拾破銅爛鐵賣了當零用錢。先說前者，五〇年代（民國四十年到五十年）的台灣，電燈才逐漸普及，收音機是中上人家的享受，電視是十多年後的事。童年在鄉下，最怕大人提議晚上翻山越嶺到新埔看客家歌仔戲，大人走光，小孩子也不敢待在家裡。只好跟隨大人走荒山夜路，路上不時碰到蛇出沒，又怕走丟碰到鬼，一路提心吊膽，痛苦不堪！換到新竹市郊，又在訓練中心旁邊居住，每逢週末，營區多有娛樂節目，有時是勞軍團或康樂隊的表演，有時是電影。營區門禁時緊時鬆，守衛多半睜一隻眼、閉一隻眼，讓我們進去同樂。來回才半里，又是大馬路，節目也遠勝歌仔戲，至今想來，仍然好不愜意。

在五〇年代，蔣介石總統日思月想的，應該是反攻大陸。營區不時播放「我的家在大陸上」或「反攻、反攻、反攻大陸去」的歌曲。當時兵員充足，垃圾製造也不少，在毫無環保意識下，垃圾就往營區圍牆外丟。其中不乏可以撿來賣錢的破爛。住在圍牆外的我們，也很高興從垃圾堆中找出可以賣錢的東西。有一天，大概是晚會後或者營區大掃除，居然一下子丟了不少東西出來，我與幾個鄰居小朋友，搶拾較完整的玻璃瓶，沒注意一具不起眼的鋁合金器皿。不遠處幾個大人吶喊，叫自己的小孩撿那個器皿，大概小朋友都不專注或沒聽清楚，有位鄰居大嬸乾脆自己跑過來撿走。後來才知道玻璃瓶一個只值一、兩毛，而該鋁合金器皿，一個就值一塊。兩毛與一塊的差別，以現代眼光看，實在微不足道。但是這五倍的價差，而且垂手可得的東西，就任它給大人拿走，在貧困的年代，仍足以令我們搥胸頓足好幾天。

當年的營區，除了環保問題，一般衛生條件也不是很好，上千名阿兵哥製造的糞水，就直接排到環繞營區的水溝裡，想當然爾，蚊蠅大量滋生。有一年暑假，不曉得那位長官想出來的主意，要阿兵哥打死十隻蒼蠅，屍首繳驗確認後，才可以休息、睡午覺。有那麼多阿兵哥在圍剿，軍營內的蒼蠅銳減，阿兵哥無法很快繳足數目，又不能翻牆到外面打，於是有人心生一計，叫我們打死蒼蠅，放在小紙袋裡賣給他。當時確實賣價已忘記，十隻蒼蠅大概賣兩毛到五毛。消息很快傳出去，很多阿兵哥自己乾脆不動手，隔牆買蒼蠅就好。年紀小又勤快的我們幾個小朋友，就這樣做起打蒼蠅、分裝買賣的生意，一個暑假下來，居然也賺到幾十元，也是難能可貴的外快。印象中，這政策只推行兩三年，之後就不了了之。

1-6
張排長

雖然多數時間我和祖母在更鄉下的地方一起生活，偶而也會被帶出來見見世面。父母居住的地方，在咫尺之遙的營區旁，大大小小一籮筐的事，都和它脱離不了關係，也因此意想不到地認識一名異鄉人。

我生平第一張照片，應該是三至四歲左右，和大我三歲的姊姊，在營區旁邊照的。安排照相的人，當然不是鎮日務農的父母，是年紀大我父親一點點，滿口外省口音的軍人張松林，官階排長。家裡年長一輩的人都叫他張排長，我們則稱呼他伯父。國共內戰時，在家鄉安徽阜陽被國民政府軍隊徵召，或者抓來當兵，離開家鄉時已婚，並且有一個剛出生的女兒。原想仗很快打完就可以回家團聚，沒想到有一天會隨著國民政府軍隊撤退到台灣，並且輾轉到新竹陸軍第二訓練中心，從此開始與我們結緣，也開始與台灣結緣度過大半生。

二十多歲就離鄉背井，思鄉與思念親人之情，可想而知。第一次見到和他女兒年齡相近的姊姊，就彷彿見到自己的女兒，其愛屋及烏，動了真情，連素昧平生的爸爸媽媽，都深受感動，也默許張排長認我姊姊為乾女兒，我也自然地沾光，凡是有什麼好處，也少不了我這一份，包括前面提到的照相。張伯父與我們一家人的互動，比親兄弟猶有過之。

伯父有典型北方人的牛脾氣，不能仗義不執言，在軍隊沆瀣一氣的文化中，越來越格格不入。如果他能沉得住氣，一路升官往上爬，日子鐵定好過得多。很不幸地，有一天與長官意見不合，一氣之下辭職走人，從此進入另一段顛沛流離的日子。當年辭掉軍職，沒有後來的終身俸與十八趴，只領了一點錢，很快會坐吃山空。命很硬的伯父，很不幸地，信賴只懂得耕種的爸爸，提供的意見，竟然是到比我們住的地方幾公里外，更深山裡面買一塊山坡地耕作。我不曉得伯父會不會耕作，為生活所逼，大概也不能不學會拓荒，種植可以在山坡地生長的作物。住的房子，是和爸爸以及幾個朋友，簡單搭建的茅草屋。我們不時用牛車載米給他煮飯吃，也幫他將農作物載出去賣。

當年整片山坡地，方圓數百米內，只有伯父那一間茅草房。獨自一個人生活在荒郊野外，其孤單身影絕不輸荒島上的魯賓遜。農作物收成時好時壞，完全看天吃飯。我們家的生活已經很緊，看到伯父的生活更清苦，父母於心不忍，終於熬了幾年之後，賣了那塊地，轉介紹他到桃園縣的龍潭，當一名公家機構的守衛，不再離群索居，也有固定收入，後來還買了一間房子。

來台灣後一直堅持單身的伯父，剛開始的十幾二十年，還相信蔣總統早晚會反攻大陸，仍舊有機會與日思夜想的家人團圓。隨著時間一天、一天地過去，希望也一點、一滴地流逝。伯父漸漸體認今生今世，恐怕只能夢迴家鄉。父母不忍逐漸晉入中老年紀的伯父，未來沒有家人可以依靠照顧，於是介紹二叔親家在龍潭一位中年喪偶的遠親，彼此認識，也在堪稱投緣後結婚。由於彼此生活理念南轅北轍，勉強湊在一個屋簷下度過幾年。

一九八七年七月蔣經國宣佈解除台灣長達三十八年的戒嚴令，同年十一月開放臺灣外省籍民眾赴中國大陸探親。對於一息尚存的老兵，不必再打仗就可以飛回到將近四十年沒見過一面的老家與親人聚首，這一刻千載難逢，包括張伯父在內，許多老兵就興沖沖地扛著三大件、五小件，不辭辛勞地返鄉探親。

很幸運地，張伯父回到家鄉，看到了已經改嫁的妻子，也看到了已經結婚成家的女兒。第一次探親後，回到台灣，終於和勉強在一起生活的續弦離了，房子也給她和她兒子。自己住榮民之家，並計畫回安徽阜陽定居。對於張伯父能落葉歸根，我們也樂觀其成，行前還辦酒席餞別，場面感人。令人不忍的是，一年半載之後，張伯父又回到台灣定居，不是老家親人不好，經過幾十年的分別，景物全非，情緣難再復，冬天北方寒冷，特別難熬，從此張伯父認份地在榮民之家安度餘年，直到一〇四年四月過世，算一算在台灣過了一甲子又五年的歲月。

1-7

大姊

戰後的台灣，儘管百廢待舉，人人努力生產，家家忙著添丁，害得政府後來不得不推出人口計畫，高喊兩個恰恰好。我們家有五個小孩，我排行老二，上面一個姊姊秋蘭，下面兩個妹妹寶連及秋燕、一個弟弟文照，在五〇年代的台灣，人丁不算多。由於姊姊最大，從小就以大姊稱呼。

由於祖母生的叔叔、姑姑，只比大姊大幾歲，大家庭裡許多食衣住行的事，嫁過來為大嫂的母親，鎮日忙著打理，大姊小學畢業以後，家境仍不寬裕，循著姑姑的路，就沒有再升學，成為我們家五個兄弟姊妹中，唯一沒有大專文憑的人。當時台灣工業剛起步，離開我們就讀的小學不遠的地方，新成立一家工廠，生產旭光牌日光燈。爸爸媽媽就給大姊買了一部腳踏車，開始踏著去上班，當時十三歲不到，還是童工。

大姊的命運，就在上班的路上決定。少女時代的大姊，如花似玉，典型美人胚子。從家裡出發到讀小學或大姊上班工廠的路上，必須經過陸軍訓練中心的營區和訓練場地，當年馬路邊班長、排長一堆，看著如此美少女擦身而過，行注目禮或吹口哨還是小事，不曉得從什麼時候開始，竟然一票人在我們家附近徘徊，甚至藉機拜訪我們，送禮物給大人，巴結比較小的我們，內容五花八門。連從沒有接觸到國外郵票的我，也第一次有機會看到並收集到這麼多漂亮的郵票。在物資貧乏的年代，能收集到賞心悅目的郵票，也足以令我高興老半天，當然這一切都得拜那些上門獻殷勤的哥哥們的恩賜！

我的爸爸媽媽就不這麼想，這些像蒼蠅一般，趕也趕不走的年輕人，有的還是遠親或近鄰，充分運用關係，遠交近攻，讓天天忙著農事的父母，還要應付不勝其煩的人情事故，有夠頭痛。更可怕的是其間勾心鬥角，威迫利誘，花招百出。有一陣子，為避鋒頭，還安排大姊住在湖口阿姨家。吾家有女初長成，竟然落到有家歸不得，而不是「養在深閨人未識」，實在讓人啼笑皆非！

這樣的局面，總不能永遠僵持下去。雖然不能像古代人用拋繡球或比武決勝負，父母還是想辦法從眾人中篩選比較合適的對象，早早把大姊嫁出去，以免夜長夢多。勝出者，既不是大帥哥，也無顯赫資歷，憑著商業學校畢業的學歷，略勝他人一籌的英文，以及在都市混過的經驗，也足以唬住我們這一票鄉巴佬。當然少不了擅長跑腿、又會獻殷勤這項必要條件。多年以後，回過頭來看我姊夫，實在不曉得他當時的表現，竟然會比孔雀開屏還絢麗，大概是男性荷爾蒙發揮到了極致！

我的爸爸媽媽倒是不含糊，找了可靠的親戚，明查暗訪這大我姊姊好幾歲的年輕人的家世背景，發現他們家也是務農，上面一個哥哥，幾個姊姊，都已成婚或出嫁。除了姜家在地方上以節儉聞名，家世清白，背景單純，似乎也沒有多少給大姊選擇的空間與時間，十八歲到了就嫁出去。婚後到台北謀生，外甥、外甥女，一個接一個生下來，日子不寬裕，勉強過得去。大姊有時不免怨歎，難道這就是冥冥之中註定的？姊夫姜義煌後來對我們家的最大貢獻，居然是利用他黏人的功夫，釘住心有二志的大舅子，也就是我本人，非唸醫科當醫生不可。此是後話，會有下文。

戰後樣樣缺，唯獨不缺小孩。幾乎每一家都食指浩繁，衣食住行多吃緊，遑論唸書。很多家庭的前幾位小孩都被犧牲，國小畢業後無法升學。我大姊就是典型大時代變遷下的犧牲品，即使多年以後，身為弟妹者仍思之於心不忍。

1-8

慘綠年華

「采菊東籬下，悠然見南山。山氣日夕佳，飛鳥相與還。此中有真意，欲辨已忘言。」此出自陶淵明《飲酒詩》，所描述的意境，相信許多人都耳熟能詳，甚至心嚮往之。小時候結廬在偏鄉，當然無車馬喧。山氣習以為常，飛鳥也時時相與還。我老家門前有小溪，後面有山坡。對青少年時代的我，山坡上面不希望野花多，但是希望多一些果樹結果給自己吃，也希望多一些野草割了給牛吃。二叔的大兒子，也就是我的堂哥與我，當年非「等閒」之輩，放假時候，都要幫忙家計，最重要的工作，就是放牛，或者割草給牛吃。為了後面這項工作，我們幾乎踏遍老家後面的小山。

當然在農忙之後，也不忘犒賞自己，到溪裡撈魚捕蝦。我祖父是編織竹籃子和竹畚箕的高手，尤其小的竹畚箕 撈魚捕蝦，非常好用。小時候溪水清澈，灌溉用的溝渠，也因農藥尚未使用，魚蝦隨手可以撈到，是現今電腦、電玩時代的兒童所無法享受的娛樂，比釣魚、釣蝦還過癮。撈到的魚蝦帶回家打牙祭，對平常食不知有魚肉的我們這一代，也不無小補。雖然祖母疼愛有加，不至於面黃肌瘦，我們仍然渴望時時有蛋有魚有肉，初一、十五，逢年過節，是共同的期盼，連新竹客家莊十四年一輪的中元普渡，祭祀義民爺，也在引領盼望之列。因為祭祀之後，神豬就會被分解，切成大小不等的肉塊，分送至親好友，最後落入難得有葷食下腹的五臟廟。

自從會認人開始，我就注意到祖母的脖子比一般人粗。當年不知道是含碘食物攝取不足造成的甲狀腺腫大，日據時代到台灣光復初期，食鹽又不加碘，以醬菜為主食，又生下十名子女的祖母，其實長期營養不良，晚年積勞成疾，在我小學四年級時病逝。那個年紀的小孩，不太會表達自己的傷心，但是身體莫名其妙地起大大顆的疹子，奇癢無比，為此好幾次勞駕父親帶給當時新竹有名的詹內兒科診所看病，吃藥打針一個多月，才逐漸消退，之後就沒有再發生過。當時不曉得這可能是一種心因性疾病，是對祖母病逝的傷痛表徵。但對於幽暗的診所，滿屋子的藥味，非常排斥。

小學讀的學校還算近，走路上學不成問題。初中到高中，就讀的學校在市區，離家至少四公里，非得靠腳踏車代步不可。爸爸買了一部腳踏車給我，有一天在下坡的路段練習騎時，一位鄰居同年小朋友有意無意在我沒準備好時，用力推了一把，當時煞車不熟練，俯衝二、三十公尺後，連人帶車摔下來。當場昏迷過去，等我醒過來，才發現身在訓練中心的醫務所，手腳多處擦傷已經醫務士上了紅藥水。另一次在上中學的路上，一處急轉彎的地方，剛好騎在牛車旁，更不巧的是，對向一輛公共汽車急駛而上，最關鍵時刻，我居然夾在牛角和汽車中間，只要牛甩一甩頭，或隨便頂我一下，這一條命大概就沒有了！兩次刻骨銘心的經驗，讓我對「肉包鐵」的工具，包括腳踏車和後來家裡買的摩托車，一直很排斥，能不要騎則不騎。

現代人魚肉不斷，無法想像一顆蛋煎了菜脯，還要分成幾片，分別給幾個小孩帶便當的窘況。騎腳踏車也變成時髦的休閒活動，而不是必須的代步工具，閒情逸緻催化下，常常忘了它潛在的危險！

1-9

范進中舉——現代版

吾人常說「近朱者赤，近墨者黑。」上小學後的住家，在陸軍訓練中心旁邊，也很不幸地在新竹第一公墓旁。童年時候的老家，後面有山坡，此時的住家後面卻是墓仔埔！換做是孟母，早該遷往他處。但是父母耕作的農地，雖然離開住家約在兩公里之外，仍然算近，且有阿兵哥作伴，又有幾戶左鄰右舍為鄰，何況家無幾兩銀，就無條件地安頓在孟母也嫌的地方。對我人生的發展，究竟是近朱還是近墨？即使多年以後，也難以下定論。

但是隔著公墓，可以遠眺一座龐大的建築物，就在離我們家不遠的山坳處。大人說那是清華大學的原子爐，有圍牆有鐵絲網層層圍住，自然是閒人勿近。清華大學的神秘面紗，自小成為我好奇的對象。雖然從我就讀的龍山國民小學，往新竹的光復路，必經過清華大學校門口，但是不在我回家的路上，因此絕少路過。

小學畢業得到縣長獎，又順利考上名列新竹第一的初中，很給身兼國小家長會委員的爸爸面子，高興之餘，帶我到新竹市最大的書店，買自己喜歡看的書，我挑選了一套十本的偉人傳記，爸爸二話不說就付錢，顯然很滿意兒子見賢思齊的舉動。兒子是行動派，買回家就急著想看完。有一天，爬到住家後面的苦楝樹上乘涼看書，沒想到夏日午後，微風吹拂，竟然不知不覺地夢周公去了。更扯的是，醒來以後，發現自己不是在樹上，而是躺在樹葉覆蓋的泥地上。也不曉得自己昏迷了多久，幸運地，發現自己沒有外傷，東西南北還清楚，否則偉人沒學成，先傷了腦袋瓜變成呆瓜！一個暑假讀下來，只撞見科學家的偉大，並無特別感覺史懷哲過人之處，大概小時候的窮困不輸非洲人，就醫的陰影難以去除。

中學六年，來回路經公墓，白天還好，偶而和送葬隊伍爭道，或迎面擦身而過，雖然不是很舒服也還可以忍受。到了初中三年級，也不知道那裡聽來的訊息，不補習恐怕考不上高中，回家跟父母商量後，父母二話不說，就同意我跟隨同學下課後，到當時新竹最知名的補習班補習。補習班離開我就讀的新竹一中有一公里遠，意思是離我們家的距離又多了一公里。當年從我家到新竹市，一路下坡，因此每天早上騎車「上」學，其實是一路下滑到學校。相反地，「下」課回家，對我而言，變成每天費力往上爬的苦差事。

決定補習，不僅距離是問題，更是父親與我陷入一年苦難的問題。以我當時的年紀，就算吃了熊心豹子膽，也不敢晚上一個人騎車經過俗稱夜總會的墓仔埔。爸爸是不作第二人想的當然陪客，白天忙完一整天的農事，吃完晚飯，再騎車到市區的補習班等我補習完，一路陪我騎回家，週而復始，如此過了一年。考試結果，沒有名落孫山，也如願上了新竹中學，但是幾乎是吊車尾上榜。事後檢討，父子兩人付出這麼大的體力與心力，成果卻是如此不如意，不是我們不努力，實在是每天補習完騎回家，已經是晚上十點以後，吃飯、洗澡、寫功課，忙到半夜，連看書、溫習功課的時間都沒有，肚子裝不了多少學問，考不好沒話說。

上了高中，重整旗鼓，準備再打下一場硬仗。有了前車之鑑，當然就和補習班說拜拜，也給爸爸免除了夜晚「加班」陪我補習的利多消息。除了課本，自己也買了一堆參考書苦讀。許瑞蓮的活用化學，柯旗化的新英文法，凡位居當時最流行的書單之列，都被我收納列入必讀清單。父母看到兒子這麼上進，日也讀、夜也讀，居然在大姊出嫁當天，也不叫我陪嫁，依然上學去。其實在學校也無心上課，中午飛快騎車回家，想見大姊出嫁前最後一面，當然早已人去樓空。之後懊惱非常多年，甚至於到今天想來，還對於當年只顧唸書，不近人情之舉，無法原諒自己。

幸好後來考上人稱第一志願的台大醫科，光耀門楣之餘，對辛苦的父母有交代，對嫁出去的大姊，也因日後在台北互動頻繁，稍解當年的遺憾。高中時期讀了《儒林外史》，其中精彩地描述范進中舉，瘋瘋癲癲的舉動，對照書呆子樣的自己，在考上大學的那一刻，有點失神茫然，活脫脫像現代版的范進中舉！

1-10

新竹中學與辛志平校長

初中三年，一如書讀頭過日子，船過水無痕。在新竹中學唸高中，想獨善其身，光會唸書，絕對會落入辛志平校長的口頭禪：莫名其妙！據說辛志平曾自評一生功績：「我一生中只做兩件事，一個是對日抗戰，另一件事就是當新竹中學的校長」。以當中學校長為職志、為志業的人，翻遍古今中外歷史，絕對少有。貫徹「德智體群美」五育，彷彿是他的天職，毫無偏頗商量的餘地。「誠慧健毅」的校訓，更體現其融合五育的精髓。

有伯樂當然不能缺千里馬，德育有教官把關，智育有陳如鶴、彭商育等名師壓軸。李宴芳老師的美術及蘇森墉老師的音樂，更是出了校門後的竹中人，津津樂道的對象，受過他們教育的洗禮，彷彿黃袍加身，高人一等。高三的班導師楊櫟材，也很正典，願意為教育奉獻。

體育也不含糊，除了例行課室活動，每年到了十二月開始，每天升旗典禮後，全校練習越野賽跑，從跑操場十圈開始，最後一週跑校外一圈才回來，到了一月，學校擇一周末，舉行全校越野賽跑，高一學生跑四千公尺，高二跑五千公尺，高三跑六千公尺，分年級從校門口出發，繞十八尖山一圈回來，通不過要補考。

我因出身鄉下，每天騎車上下課，越野賽跑不成問題。高一下學期，學校新建游泳池落成，對我而言是憂喜參半。高興的是，有水可以玩，害怕的是，通不過游泳考試。於是趁著暑假，頂著灼熱的大太陽，像著了魔一般，每天中午從家裡騎車到學校游泳池，從狗爬式開始摸索，慢慢地學會蛙式與自由式，直到通過考試將不成問題才收手。

高中最慘的一件事，是抽中籤，要代表我們班，去和其他班的代表比賽演講。個人生性內向，在此之前從未公開演講。為民前鋒，只好豁出去。努力準備講稿，反覆練習一個月，終於在上千隻眼睛注目下，完成個人的壯舉，還拿到從不敢奢望的第三名。

高中最難忘的一件事，和個人無關，卻在讀了南唐李後主的詞「春花秋月何時了，往事知多少？」後。聽說住在宿舍的某位仁兄，嫌伙食不好，就改編李後主的詞寫成了「青菜豆腐何時了，魚肉吃多少？」……，中間詞句忘了，只知道後面有「老張老李應猶在，只是教官改」，大剌剌地張貼在宿舍牆上。老張、老李，指的是火伕（廚師）的名字。火伕沒變，教官改了，伙食不一樣了。影射含沙，指桑罵槐意味濃厚，可以想像當時教官的震怒。據說後來找到該名膽子夠大的同學，因無直接證據，僅口頭告誡了事。

在以升學為導向的東方社會，辛志平校長主導的竹中精神，一如當年畢業典禮講堂邊掛的對聯所示：「為語橋下東流水，出山要比在山青」，出了學校，能一本初衷，保持年輕時的樣貌，甚至更勝一籌，成為社會清流，也應是教育至高無上的境界。辛校長在我們這一屆的畢業紀念冊上，也提了嘉勉的對聯：「為學有如金字塔，要能博大又能高」，言簡意賅，美哉斯言！

1-11

台、清、交與我

小時候對大學的印象，源自於罩著神秘面紗的清華大學的原子爐，以及偶而路過的清大校門，校園裡面長的什麼樣子也不清楚。在新竹中學唸高中，有幸與交通大學為鄰。當時的交通大學，位於新竹中學與新竹孔廟之間的三角地帶，校園佔地比新竹中學還小。學生宿舍緊鄰新竹中學，我們偶而會到它們的學生宿舍餐廳吃中飯。對大學生的印象，雖然稱不上高明，仍然讓鄉巴佬的我羨慕不已，彷彿大丈夫應亦若是。

高二選擇自然組，自然地和上述大學印象有關係。那時候，大我十歲的五叔經我父母的努力，不再務農，改到位於苗栗縣頭份的華夏塑膠公司上班，當時的塑膠公司，是鄉下人脱離靠天吃飯的農業，少數可以選擇的捷徑，也萌生我對化學的興趣，從高中到大學，一路在化學科目有相當優異的表現，化學也是後來助我考上大學的關鍵科目。

上了高三，我的麻煩來了，必須在有化學系的甲組，與有醫科的丙組間做一抉擇。我對化學的偏好，毋庸置疑。但是丙組的醫科，有充滿市儈之氣、令我心煩的姊夫撐腰，不斷鼓起三寸不爛之舌，遊說我父母，務必要我學醫，錢景才有保障。小時候就醫的痛苦經驗，加上媽媽生我弟弟之後，再懷孕卻造成子宮外孕，在新竹一間小醫院，接受緊急手術並住在擁擠不堪的病房住院的黑暗印象，湧上心頭。對充滿理想主義的年輕人，實在難以接受非學醫不可的安排，高三唸到一半，突然像吃了熊心豹子膽，去找望之儼然，平常從不敢就教的辛志平校長，要求轉組，並保證至少可以考上清大化學系。辛校長不愧是即之也溫的長者，看一看這陷入矛盾的小伙子，委婉道出沒有反對我轉組的意思，但是要我回去跟家人好好討論，再下決定。回家後，不知何故，根本就沒有和父母討論轉組的事。事後回想，大概是看到父母務農，從早忙到晚，只勉可溫飽，只好回到現實，將夢想束之高閣。當年與辛校長短暫的交談，也成了一輩子難以忘懷的回憶。

考大學填志願的時候，機會來了。想立志學醫的人，一般都會從台大醫科填起，涵蓋台灣所有的醫學系。我習醫則在應付一個難纏的姊夫，也為對得起辛苦的父母，醫學系只填一個，其他多填與化學相關的藥學系或農業化學系。也許冥冥之中自有安排，我居然考上人稱第一志願的台大醫科，看著報紙上的榜單，想的卻是無緣上的藥學系或農化系，情景恰好和另一成績比我好的同學相反，他立志想學醫，但是經濟考量，醫學系也只填一個，以三分之差，飲恨上了台大藥學系。他沒有再重考，我們兩個人竟然因一試定江山，也決定了我們一輩子歧異的事業，真的是時也、命也！最近獲悉這位同學擔任美國一間名校的臨床藥理學教授，成就不凡，似乎可以印證塞翁失馬，焉知非福的名言。更玄的是，同一屆一路從初中一年級到高中三年級，都拿全校第一名的李遠鵬，順理成章地以高分錄取台大化學系，幾年以後，他的哥哥李遠哲，拿到諾貝爾化學獎。

十八歲以前，我的活動幾乎離不開新竹，大學的概念，也只有清大和交大，最後仍然和這兩所大學失之交臂，而投入只有在大專聯考時當做試場，之前素未謀面的台大的懷抱。

1-12 決戰時刻

養兵千日，終須一戰。我們這一屆，政府取消保送升學，全國報名考生，包括應屆畢業生及重考生，都站在同一起跑線上，等待槍響一起衝刺，公平性毋庸置疑。但是與古代考試不一樣的是，古代考試經過鄉試、縣試過關者，全部集中到京城應考，沒有例外，也相對公平。當年大專聯考，全國只設幾個考區，新竹不包括在內。我們都要到台北應考，不僅離鄉背井須要適應，住宿也成問題，對我們構成不對等的難題。

家裡經濟不寬裕，爸爸不會考慮住旅館。大姊、姊夫住板橋，距離大專聯考的試場——台大體育館太遠，當年交通不方便，不列入考慮。剩下樂於伸出援手的表哥徐瑞鴻，家在台北市南京東路五段的巷子裡面，距離台大還算近，我們考前一天抵達時近中午，巷子還算安靜。吃完午飯，稍事休息，就到台大校園看位於體育館內的考場。偌大校園，比佔地已經算不小的新竹中學大非常多，龐大的台大體育館，擺了數百張桌椅，煞是壯觀。未免有任何閃失，我們一行人包括爸爸、表哥、大姊、姊夫與我，共同確定我的座位，尤其姊夫，發揮其當年追我大姊的黏功，對我的座位，看了又看，就怕一不小心被人家搬走或換了。大夥兒逛一圈校園，雖然心照不宣，仍指望我能一舉成為台大人，大家與有榮焉。

大考前一晚，恐怕是人生最難熬的一晚，令我想到歌劇杜蘭陀公主，「公主夜未眠」的那一幕。本人夜難成眠，不僅僅是大考的壓力，或換了地方難適應，根本像投錯胎一樣，找錯住宿的地方。表哥到台北工作及生活很多年，都市百態，早已見怪不怪。我則身在火線上，神經繃得緊，一下子聽隔壁吵架，好像就要打到自己頭上來。好不容易安靜下來，對面人家悠揚的小喇叭，好像專為我演奏，躲也躲不了。終於熬到下半夜，以為可以安靜到天亮，至少可睡個兩、三小時，不料另一段樂章開始了。表哥沒有告訴我，他家就在市場邊，清晨三、四點才是一天之計的開始，人聲隨黎明迫近，逐漸鼎沸，耳朵塞住也不管用，只好隨著叫賣聲在床上起舞，被迫成為現代祖逖！

大考當天，在台大體育館考試的細節多已失憶，彷彿壕溝裡，與敵人短兵相接的戰士，已經身不由己，看到每一張試卷，就像遇上敵人一般，幾乎拼了命，殺紅了眼。等到兩天考完，整個人都已虛脱，一如解甲歸田的戰士，不堪回首話當年！之後放榜，不負眾望，若按慣例成敗論英雄，曾經折騰我的神經不算小的表哥的家，也居然成為我終身難以忘懷的福地。

1-13

新鮮人

從小學到高中，除了讀書，少有課外娛樂活動，能偷偷摸摸看漫畫，已經是無上的享受。諸葛四郎與真平大戰魔鬼黨，無敵鐵金鋼，阿三哥與大嬸婆，成為我們這一代共同珍惜的回憶。尤其浮世繪般的阿三哥與大嬸婆，更貼切地反映從農業晉入工商業，鄉下人適應這文明演變衍生的種種狀態，笑話百出裡含有哀矜勿喜的哲學。

上了大學，從新生訓練開始，發現同一個教育模子出來的同學，只有鄉土味重與不重的差別，論交際，大家都還在摸索。除了世居台北市，其他地方來的同學，多多少少可以聞得出鄉土氣息，尤其像我們這般世面見得不多的人，進入大學門，彷彿阿三哥進城，被脫離新鮮人的學長唬住也不稀奇。

有一位熱心過頭的學長，在我們新生訓練時，主動現身說法，講了一堆話，不斷吹噓自己的大學之道，可以丟下書本，好好搞社團，過著與過去不一樣的日子，讓我們遐想輕舟一下子可以過萬重山，好愜意的大學生活！沒多久發現這位學長大一、大二有幾科被當掉，原地踏步幾年後，小山都過不了，自然無法圓他（或他父母的）醫生夢！我們也只差一點就要上當。

大一住在第七宿舍，就在六張黎公墓不遠處，離開校園有一段距離。八個人擠在一個小房間，有四張上、下舖的床，桌子狹小，燈光昏暗，浴室則是大家可以裸裎相見的公共澡堂。住宿的同學，來自各方，中南部居多。有一位同學，整天拿著一個小收音機聽布袋戲，只要聽到布袋戲聲音，就知道他在那裡。在我下舖的仁兄，須伴著收音機聲音，方能入眠。我則恰好相反，只要不是單調像電風扇的聲音，就無法聽音入眠。只好每一晚，等到他睡著，關掉他的收音機，才是我的就寢時間。

第七宿舍本身有餐廳，由操著濃重廣東口音的師傅掌理，味道還可以，只是剛開始要適應他一家人的口音，免得會錯意，弄錯價錢。當時一碗陽春麵約一～兩元，一餐的預算多在二～五元間。家裡務農，手頭盤纏有限，不得不錙銖必較，偶而到離宿舍不遠處的眷村餐廳打牙祭，或到東南亞戲院看二輪電影，已經是至高無上的享受。基於過往不好的經驗，我是不得已才會騎腳踏車。靠著還能快走的兩條腿，儘管宿舍離開校園距離相當遠，還是天天走路上、下課。上課先到先挑座位坐，不像中小學有固定座位，老師也多不點名，這是讓我們首先嘗到的大學的自由。實驗課分組，可以自由選擇搭配的組員，我隔壁的女同學，家在台北市，大概比較習慣和她高中同學一組，或著嫌我太土，反正我也不須花腦筋搞清楚，她就將另一位男同學許配給我，如此搭檔，平安順利，皆大歡喜。

如同先前學長所言，加入社團，彷彿是大學新鮮人的必要選項。我也在新生入學指導時，莫名其妙地加入「台風社」，這種應景行為，持續不了多久，幾次活動下來，就打退堂鼓。原因之一，還是功課。自認非天縱之英才，吊車尾才進入人稱第一志願的台大醫科，高手如雲，豈敢怠慢。更糟糕的是，從普通化學到微積分，都用原（英）文書，高中時期苦讀的英文，不太管用。幾乎書本的每一段，甚至每一句，都要翻字典，弄清楚才可以，如此過了一年，才漸入佳境，字典可以少翻一點。

大一上國文課，老師出的作文題目是：我投考醫科的決定，顯然老師對我們學醫的動機，深感興趣，很可惜事後沒有聽他發表同學們如何下決定投考醫科，對我個人而言，即使身在醫科中，仍如雲深不知處。鎮日埋首書堆，茫然中，有表哥鼓舞，大姊、姊夫偶而帶著外甥和幾個蘋果來探班，讓身處異鄉的我倍感窩心。偶而也到表哥或大姊、姊夫家打牙祭，舒解身心壓力。至十二月領到第一筆許世璿先生的獎學金，對捉襟見肘的家庭經濟，不無小補。之後許多年，直到畢業前，仍陸陸續續多次受到許世璿先生的恩澤嘉惠。一直到今天，儘管四十多年已過去，仍對許先生感念不已。

大一下學期，無論生活或功課漸上軌道。同寢室室友，也第一次合力邀請女生出遊，對象是輔仁大學的大一女生，一同到新店碧潭划船，一艘船兩個人，一對一，雖然是人生的第一次與女生同舟共濟，彼此有說有笑，倒也不害臊，末了還相約下次再相會。但是不曉得什麼原因，之後就不了了之。新鮮人的體驗也在初次約會後結束。

1-14

漢堡、不萊梅及其他

大二的英文名字叫 sophomore，據稱從希臘文衍生過來，原義有得到靈巧技能之意。大多數人都像我一樣，過了生澀的第一年，渾不知覺地跨入到比較得心應手的第二年。大一、大二為醫預科，意思為第三年正式進入醫科做準備。大一時的動物、植物學，變成比較解剖學，為大三大（人）體解剖鋪路。普通化學進化到無機及有機化學，為銜接第三年生物化學造橋。當年教有機化學的老師為何琴霞教授，上課解說非常有耐心，有媽媽的味道，同學暱稱她何媽媽。有一回考試出題，分數加起來超過一百分，我恰好也考過一百分，何老師大方給，令我一時不敢置信有超過一百分的成績，繼而重燃對化學的熱情，一直延續到大三以後，才慢慢熄火，並調整心態，回歸到習醫的道路。

大一唸的國文、英文課，被拉丁文、德文取代。由於很多醫學用詞，源自拉丁文，而早期西洋醫學，德國貢獻最大，學習拉丁文、德文實屬必要。教授拉丁文的老師，是一名神父，上課唱作俱佳，生動有趣，學來一點都不費力氣。至今還記得不少拉丁文，這位老師的教導，委實功不可沒，很可惜他的大名卻記不住。大二上學期上德文課，老師指定大家唸一本《認識德國》的教科書，從認識漢堡教起，一整個學期下來，還在原地打轉，沒有離開過漢堡。大二下學期，我們第一次有選修課的機會，同學紛紛選修日文或其他課程，只有我不死心，居然再選修一次德文，希望有不同老師授課，或者再不巧碰到原老師，也希望在進階的德文課，有進階的作法。結果同樣的老師，同樣地慢條斯理的授課，一整個學期下來，在另一個德國城市不萊梅打轉。總結一年的學習，只從漢堡前進到不萊梅，不論德國或德文，不僅僅是認識有限，簡直和沒修過該課一樣陌生，真是嗚呼哀哉！

我們進入大學的那一年（一九六九年）七月二十日，美國發射太空船阿波羅11號，載三位太空人登陸月球，美國科技遙遙領先全球，不在話下，但其國內深陷越戰，反戰示威越演越烈。反觀台灣，十大建設才剛要開始，人均國民所得才三百六十九美元，黃信介當選台北市增補選立法委員，黨外運動方萌芽，蔣經國訪美，遭鄭自才、黃文雄在紐約行刺未果。我們這一代唸書的人，處於民主、民權、民生的轉捩點，到處充滿機會，同時代同學如胡定吾當選台大代聯會主席，而馬英九後來參政成為總統。

民國五十八年十一月美日發表聯合公報，美國將於一九七二年五月將琉球交與日本，隨後在五十九年八月，美國駐日大使館發言人，發表不當言論說美國認定釣魚台屬琉球群島，並將於一九七二年隨琉球交與日本。此話一出，立即造成海內外華人空前凝聚，以風起雲湧的言論及激烈行動保衛釣魚台主權。民國六十年六月十七日台大學生上千人在保釣會帶領下，赴美國與日本大使館示威遊行，本人恭逢其會，也加入遊行的隊伍。參加遊行的學生個個義憤填膺，氣氛高昂自然不在話下。只是當時台灣處於中共與美國密切交往，聯合國席位不保的尷尬時期，保釣運動很快被壓下來。

大學二年級，從原先大一時住的第七宿舍，遷到校總區內的五、六宿舍，同寢室室友，也隨之更換，以理工科室友佔多數。當時一名化工系的室友，不時提到王永慶，言談間對這位企業家讚譽有加。個人才疏學淺，號稱對化學有興趣，當時居然不曉得王永慶為何人，事後思之仍覺汗顏。多年以後，與內人有幸在王永慶創辦的長庚紀念醫院服務，一愰逾三十年，當年的室友已不知蹤影，而其無心插柳，竟然在筆者身上柳成蔭，造化弄人？成人之美？！

1-15

醫學生涯不是夢

如果考進大學的醫學生，都要經過口試這一關，以我當年搖擺不定的心態，肯定會被刷下來。大二結束，晉入大三，就是正式的醫學生，當然要在離開校總區很遠，離總統府很近的醫學院上課。大三開學前，同班同學紛紛準備搬到醫學院的宿舍，就近就讀上課。我大概是唯一的怪胎，居然選擇賴在校總區已經習慣的五、六宿舍，繼續和已經習慣的幾位室友同居。還好當時台大沒有硬性規定大三醫學生必須搬離校總區，否則我會像提前斷奶般的嬰兒，不能適應新環境。

從校總區到台大醫學院的直線距離，少說也有三、四公里，走路上課不可能，只好乖乖買一輛二手腳踏車騎。當年新生南路還有瑠公圳，有草有水有楊柳樹，到醫學院的路車輛不多，騎來無壓力。倒是大三上的大體解剖，竟是正式進入醫學院門檻的震撼教育！我們的傳統，向來漠視衣不蔽體的胴體，傳統國畫人物，必然有衣妝，連中小學的人體素描，也是對著石膏人像描繪。上大體解剖課之前，已經有心理準備和日後尊稱的「大體老師」見面。實際進入課堂時，大家仍心照不宣地顫慄。首先被強烈的福馬林嗆得涕泗縱橫，繼而掀開包布後映入眼簾的，是令人悸動的處理過的肉體。當年死後捐贈大體的風氣未開，供解剖的大體，多為無家眷的老兵或無名屍。即使屍骨已寒，也應該毫無知覺，不知怎的，就是無法不遐想眼前這位大體老師生前種種，哀矜之情，油然而生。即使一個學期快過去，大體也在一刀一刀下去，以供醫學生弄清楚肌理及神經血管的來龍去脈後，只剩骨架，我們也無法擺脱生前死後，陰陽兩界，難以釐清的謎團。

多年以後回想，配合大體解剖課，醫學生實在應該要有生死課，以超度不必要甚至於不當的聯想或遐想。陪同大體解剖課的是組織學和生理學，儘是生吞的結構和身體運作的知識，難以化解學子須要的靈性課程。於是大量閱讀課外書籍，時而與杜思妥也夫斯基的「卡拉馬助夫兄弟們」為伴，時而隨鈴木大師的「禪學隨筆」進入禪境。偶而和室友到東南亞戲院看電影，舒緩心情。

隨著醫學相關知識的增加，成為醫生的腳步也迫近，醫學生涯漸成現實。大三結束後心甘情願地搬到醫學院，當年暑假還和同學翻譯組織學的教科書成中文，大學出版社的老板大方地給我們五千塊的版費平分，對拮据的手頭，不無小補。大四暑假參加公共衛生學系陳拱北教授組織的防癌宣傳隊，全省走透透，去做防癌宣傳，隨行包括台大公共衛生學系第一屆學生。後來在台灣政界嶄露頭角的李應元及其夫人黃月桂也在其中，當時已出双入對，似乎就是班對。說實在地，我們這一隊雜牌軍，醫學知識沒多少，癌症學識更是少得可憐，但是相對於當時一般民眾貧瘠有限的常識，我們仍然可以呼攏過去。

大學五年級的暑假，參加另一個畢生難忘的活動。當時台灣西南沿海地區，所謂鹽分地帶烏腳病盛行，患者下肢血液循環漸漸堵塞，末端開始變黑，並往近端延伸，有的病人手指也變黑，除了疼痛、發冷及發紺，截肢、殘廢乃至於危及病人生命，在在造成無數民眾的恐慌。除了砷含量高，可能還有其他未明因素作祟。當時臺大醫院及公共衛生研究所積極投入研究，心臟科曾文賓教授及公衛研究所陳拱北和吳新英兩教授是最主要的推手。曾教授有一個計畫，調查烏腳病盛行地區居民的血壓狀況。我與同學張承能報名加入，暑假一開始，就坐車到台南學甲鎮，住在市中心的「學甲旅社」，依稀記得這是一間日據時代留下來的兩層樓木造建築物，住起來相當舒適，老板娘對待我們非常親切，也第一次嚐到南部地區特有的鱔魚麵。

我們的工作是每天頂著太陽，戴著斗笠，也帶著血壓計，和一些吃了無傷大雅的味素藥，坐公共汽車，到北門、安定、布袋、義竹、下營等地區，挨家挨戶找人量血壓並做記錄，完後視需要給予味素藥，彼此皆大歡喜。中間也經過同學在南部鄉下的家，看過無數的鹽田，自然地也閱歷無數純樸的鄉民。

真正讓我們對烏腳病心生恐懼的是，那些躺在王金河醫師在北門開設的烏腳病院的病人，面對面接觸那黑掉或已經截掉手腳的病人，傾聽他們的悲歌，感受他們的無奈，感到自己的無能為力，令人久久不能自己。如果烏腳病都解決不了，我們習醫所為何事？

直到大學五、六級，仍對醫學充滿疑惑。老師傳道、授業、解惑，似乎祇解決一小部分醫學的問題，一種症狀對應的疾病數不清，一種疾病也有許許多多的症狀、癥候，到了醫院見習，老是覺得自己這裡不對勁、或那裡不對勁，於是上消化道、下消化道的檢查，能做的都做過，除了發現十二指腸有憩室，其他概無異常。即令十二指腸憩室，查文獻也發現百分之二的人有這個意外發現，不一定會造成問題。看來醫學生涯從大二學到的 Medice cura te ipsum（醫師照顧好自己）開始，不知伊于胡底？

1-16

鏡花水月

大一暑假，不知道那一位「好事之徒」發起，找到幾位龍山國民小學畢業，當時讀大學的同學，到新竹市近郊的青草湖聚會，成年男女趁機交流，本來是美事一樁，大概從小到長大，缺乏交際訓練，居然話不投機半句多，男女對話沒幾句，了無趣味，之後就不了了之。事後思之，仍覺赧顏。幸好更一事，長一智，不必再重演笨拙的一幕。

如果「文學是苦悶的象徵」（日本學者廚川白村名言），戀愛應該就是苦悶的解藥。大一時期除了參加「台風社」，也參加新竹中學校友合唱團，算圓了當年不敢參加蘇森墉老師主持的合唱團的夢。我們這個合唱團，雖然不是正規軍，也沒有砸了蘇老師的招牌，參加台大辦的合唱團比賽，名列前茅。之後與一名新竹女中畢業，也是合唱團團員的女同學約會，除了在校園走走聊天，也偶而到東南亞戲院看電影。不過，這一段交往因個性不合很快就結束。

加拿大女作家露西．M．蒙哥馬莉（Lucy Maud Montgomery）一九〇八年出版《清秀佳人》Anne of Green Gables 一書，很快轟動全球，先後被翻譯成數十種語文，並擁有數千萬冊的銷售成績，還不斷被改編成電影、電視、動畫等。女主角安妮清純、有活力，充滿想像力及鮮明的個性，正是這本書吸引人之處。筆者不是《清秀佳人》的粉絲，卻是有幸與一名和安妮一般清純、有活力及鮮明個性的北國佳麗有一段情。曾一同踏過台北近郊許多景點，伊人返鄉探親時，度過難熬、魚雁往返的日子。那一段時間，應該是個人生涯最充滿陽光的日子之一。但是只有陽光缺乏雨水，無法讓愛苗滋長，這雨水就是能無所不談的話題，這須要很多方面有交集，非三言兩語可以道盡，何況青春男兒性情仍在浮動，於是在彼此珍重再見下黯然分手。

宋朝大文豪辛棄疾，有一代表作，內容是「少年不識愁滋味，愛上層樓。愛上層樓，為賦新詞強說愁。而今識盡愁滋味，欲說還休。欲說還休，卻道天涼好個秋！」一語道盡古今中外，曾經經歷少年維特的煩惱者的寫照，個人也曾經有另一段短暫但是刻骨銘心的愛情，說是愛情其實很勉強，因為沒有多少互動，就無疾而終，也在強說愁下，寫下「獨行者之歌」發表在班刊《育杏學園》上，雖然與辛大文豪無法相提並論，也總算舒緩個人的苦悶，末了一句「待今春雨花飛舞，重拾馬戟，但願結伴双人行」總算在大學畢業，繞了一圈之後，在近水樓台找到可以一輩子攜手同心的真愛。

剛入大學時，不相信男女常常因誤會而結合，因瞭解而分散。但是從大一開始，看到一對對班對，從出雙入對，到形影分離，一幕一幕地上演，七年過去，竟然無一對交出步上紅毯的成績單，著實讓人吃驚。雖然當時班上同學恰好湊足一百位，其中女同學祇有二十多位，比例算少，仍然有的是機會。最後跌破眼鏡的兩對，竟然女生都是畢業自同一高中——台中女中，也是大學畢業後才湊成雙，其中另一對王引子與葉國新還是我與內人這一班對結婚時的伴郎和伴娘。

從日據時代迄光復後我們讀書的年代，社會賦予醫師相當崇高的地位以及相對於其他行業算極豐厚的收入。大學七年，醫學系男生，能不被紅娘（媒人）追著跑的，應該相當少。筆者也不例外，大概從大學三年級開始，家裡長輩，特別是父母，覺得兒子醫學院也唸了一段時間，當醫生的腳步逐漸接近，也應該是找未來「醫生娘或稱之先生娘」的時候。不管是新竹家鄉，或客居的台北，都有親朋好友串門子介紹，對方父親幾乎都是醫生。其間，我媽媽的一個家在台北的姊姊，曾經幫過一位醫生家的忙，大力引荐我認識這位醫生相當標緻的女兒，我也應景交往了一段時間，但是勉強不下去掛牌求去，據說女兒的媽媽差一點想不開，令我一度極端困擾，寫了一篇文章《百萬新娘》，好像登在聯合報的副刊，也再次藉此舒發個人的苦惱。比較聰明的家長，會藉機找醫學系男生當家教，推薦自己的女兒。筆者做過幾次家教，其中至少有一次家長的意思表達得很明白，我也知其用意，但是在無法與他們女兒有進一步的發展後，知難而退。

大學之道在明明德，但是對我而言，至少在愛情的路上是渾沌一片，什麼都不明白。直到畢業的那一天，依然交白卷。對於一個多月後，突然過世的父親，實在難以交待。七年一幌如鏡花水月，空留回憶和遺憾。

1-17

龍門客棧

筆者上大學之前兩年，也就是民國五十六年，胡金銓導演推出極獲好評的電影「龍門客棧」，在台北連演一個月仍不能罷休，成為該年台灣國片與西片的賣座冠軍。本文不討論電影「龍門客棧」，但是龍門客棧之名，與筆者那個年代許多台大醫學院的學生生活，有不解之緣。

筆者搬到台大醫學院唸書的時候，位於林森南路靠近仁愛路的地方，有一座日據時代留下來的東和禪寺鐘樓，當時尚未整修，老舊模樣再配上附近簡陋的房子，以及矮小的巷弄，頗有電影「龍門客棧」中排樓的味道，我們也稱呼那地方為龍門客棧。它與我們的生活密切相關，源自一個麵攤，不僅煮的東西好吃，小菜了得，價格也公道，解決了很多同學的晚餐兼宵夜。如果這麵攤只有吃得好或吃得飽，也就沒什麼好寫。最讓我們多年之後仍嘖嘖稱奇的是麵攤老板的女兒，大概也是我們的年紀或更年輕一些。當時沒有電腦，也沒有多少人用計算機，有的店家算帳用算盤，或用筆在紙上加加減減。這位不停地忙進忙出的小妹，算帳時少不了她，因為只要她的眼睛一掃吃過東西的盤碗杯子，不出三秒答案就出來，印象中從來沒有錯過。我們這一票學生，儘可以自視為高材生，但是龍門客棧的一個小妞，卻輕易擊潰我們的高傲，能不令人稱奇？

筆者大學四年級下學期的一個晚上，做完家教，剛領了一個月的錢九百元，其中一百放在褲子口袋裡，另外八百元分開夾在隨身攜帶的書本裡。這樣做是因為宿舍似乎有內賊，放在口袋的錢常常不翼而飛，分開夾在書本的錢，較少被注意到。當時從徐州路下了公車，正悠哉悠哉地走在中山南路台大醫學院女生宿舍圍牆外的人行道上，未注意到前面走來兩個年輕人，冷不防地把我逼到圍牆邊，並立即有尖銳物抵住我的肚子，擺明要錢，我立即掏出口袋的錢給他們，並主動請他們搜身，這兩個年輕人大概覺得碰到窮學生，書本也不用管，就揚長而去。

我自忖損失不多，在他們離開後，也不敢張揚吼叫，免得他們回過頭來報復。醫學院門口有警衛室，離開搶案發生的地點不到一百公尺，經過的時候，本想隱匿不報，畢竟也沒什麼大了不起的損失，繼而想到搶匪食髓知味，恐怕有一就有二，於是輕描淡寫地和警衛報告剛才發生的事，本想講完就可以走，沒想到警衛一通電話打到博愛特區的警察局，我立刻奉命留下，因為當時仍在戒嚴時期，又在總統府附近，發生搶案那還了得，不出幾分鐘，兩部警車駕到，其中一部押著我上車，追查博愛特區、城中區所有歹徒會到的地方，做地毯式的搜索。

龍門客棧也是必搜之處，我與一票警察經過麵攤的時候，剛好有同學吃宵夜，看到我與警察走在一起，行色匆匆，一句話也沒說，彷彿遇到警匪片的情節。從大約晚上十點到清晨兩點，能踏的地方幾乎都踏遍，包括平常也不會去的南門市場等地方，也讓我第一次走遍城中區大街小巷，一晚下來，毫無所獲，大概歹徒也知道博愛特區不好惹事生非，早已藏匿無蹤，只是累得我人仰馬翻，一直到清晨三點，才回宿舍就寢。胡金銓的電影塑造幾位出名的俠客與俠女，可惜我們都不是其中可造之才，遇到小小搶案，差一點搞得自己灰頭土臉，徒有「龍門客棧」近水樓台之便，沒有俠客之風，只會吃吃喝喝而已！

1-18

大樹長青

醫學生在成為實習醫生之前，稱為見習醫生，意思就是要多看多學，以免將來上陣處理病人時，慌了手腳，把病人小病醫成大病，甚至於大病醫到送命。帶見習醫生見習是最吃力不討好的工作，不像學武術，一旦獲准進入各家們派，師父、師兄就會傾囊相授，以壯大自己的門派。帶見習醫生見習，是教學醫院醫師責無旁貸的工作，也是義務性質的工作，在個人資歷上，無法像發表論文一般有美化或錦上添花的作用，也不像武術，可以壯大自己的門派。帶的見習醫生如果勤快好學又不囉嗦，可以當有用的幫手，就是帶的學長或老師的福氣，否則就成了學長或老師尾大不掉的負擔。

當年台大醫院，教職有限，不少兼任的學長，帶我們這一票學弟妹，就好像帶自己的弟弟妹妹一般，在病房外的走廊，沒大沒小地聊起來，在那一刻，學醫就不是一成不變地那麼嚴肅。一般而言，有教職的專任老師比較計較時間，因為還有研究或其它行政事務要忙，但是也有例外，其中最特別的老師之一，就是宋瑞樓教授，從宋教授的門診跟到四西病房，從問診、詳查病史到理學檢查，一步一腳印，一點都馬虎不得。後來當了小兒外科醫師，一輩子聽診器都不離身，問診及理學檢查，仍如當年一般，依樣畫葫蘆，自然到和呼吸、吃飯沒兩樣。令人不得不驚訝言教、身教，雙管齊下的影響力。現代醫師徒有OSCE，但是缺乏良師為範例，徒有技能，但常常連聽診器都不帶，能否有效甚至於有能力執行理學檢查，令人起疑。

學生時代，另外一位最佩服的醫師，就是病理科的葉曙教授。葉曙個頭不高，長像一如鄧小平，四平八穩。主持臨床病理討論會，卻像福爾摩斯辦案一般，緊要關頭賣關子，吊足大家味口。那年頭，除了一般X—光檢查，現代人熟悉的超音波、電腦斷層攝影、以及核磁共振，一概闕如。病史及理學（身體）檢查的重要性，自然地遠遠超過今日。即使高明如宋瑞樓或楊思標教授，在某些疾病的診斷上，直到病人臨終，仍有可能懸而未決，一般醫師功力稍差，病人不管死得快或死得慢，天國門前，常常不知道確實死因。大體解剖，或僅取出重要器官鑑定死因的病理解剖，成為病人死後可以確定死因的最後把關工作。

葉曙深知箇中三昧，一旦被他選中，做為臨床病理討論會的病例，解剖得到的結果，一概秘而不宣，所有病理科的同仁，都一致守口如瓶。該病例的主治醫師，或被挑選上台報告的學生團隊，只能硬著頭皮找文獻資料，拼命準備，免得到時候被電得顏面儘失，下不了台。儘管準備已經做到天衣無縫，病理醫師公告的結果，仍然常常跌破主治醫師的眼鏡，這也是當年臨床病理討論會叫好又叫座的原因。

會電學生也許不稀奇，敢電老師，才是真英雄。筆者當見習醫生時（一九七四年），有一位名字中有英雄的李英雄醫師擔任台大內科總住院醫師。當時的總住院醫師權限極大，不僅控床、管住出院，也主持全科的會議，後者對當時仍是見習醫生的我們這一代，影響至鉅，印象歷經四十年仍彌新。相對於另外一位總住院醫師周正雄的溫文儒雅，李醫師主持會議的犀利作風，詢問師長各種醫學問題的尖端深入，咄咄逼人，令我們這批像跟屁蟲般長大的後輩小生大開眼界，不敢相信有如吃了熊心豹子膽的學長，竟敢公然「電」老師。李醫師顯然有備而來，問的問題都不是無的放矢。老師如果沒有準備好，肯定很慘。我們就親眼看到一位老師，被問得啞口無言，漲紅著臉，當場走人，還揚言再也不跟他玩了！事後是否狀告當時的內科部主任宋瑞樓教授，不得而知。但是可以肯定的是，沒有科部主任的默許，CR再大膽，也不致於不顧自己的前途。這是顯示宋教授開放、開明作風的一個例子[1]。

筆者一九七六年畢業，畢業前的實習醫生之夜，有一創舉，令人畢生難忘。當晚眼科柯良時教授，請餐廳準備一碗辣椒及一瓶紹興酒，並請我們這一屆實習醫生推派代表，和他較量，看誰先吃完一碗辣椒或喝完一瓶紹興酒。當時的小紅椒，一小片就夠嗆人，何況是上百條夠辛辣的辣椒堆滿一個飯碗。同班代表理所當然選擇紹興酒。比賽前，沒人敢相信有「人」可以在這麼短的時間內，吃完那碗辣椒，更何況這個人是我們的老師！結果高下立見，當柯P一口氣吃完那碗辣椒的一刻，我們的代表還在為尚未喝完的半瓶紹興，努力「加餐飯」。柯P的豪舉，令人難以忘懷，大半原因是出乎意外的挑戰，並帶有豪邁的氣概，這在當時受日本教育遺風，以敬酒多寡衡量尊師重道程度的年代，仍屬相當突破性的一舉。當然，師生間的藩籬，瞬間打破[2]。

實、見習醫生的階段，本來是乏味的學習過程，有那麼多傑出老師的加持，令歷歷在目的往昔，不乏迭起的高潮，鮮活的記憶，經過四十年而不衰，一如大樹般長青！

1 本段部分內容，已先刊登於二〇一四年七月《景福醫訊》第三十一卷第七期。

2 本段部分內容，已先刊登於二〇一三年一月《景福醫訊》第三十卷第一期。

1-19

女人秘境

異性相吸，是生物本能，也是代代相傳所必須，沒有幾個人抗拒得了。

我們那個年代，直到高中畢業，就讀的學校，不但清一色同一性別，連儀容制服都很單調，路上碰到的女生一律清湯掛麵，男生一律三分頭或小平頭，頭頂卡其色大盤帽，身著卡其色制服，對異性毫無吸引力。奉行孔夫子之言：「非禮勿視，非禮勿聽，非禮勿言，非禮勿動。」一點都不含糊，一票「正哥」、「正妹」，虛度青春年華，書倒是讀的很認真。

進入大觀園般的大學，彷佛蝌蚪變青蛙，從小泥塘中跳上花花世界。就算不敢正眼看漂亮寶貝，也不時側眼或回眸瞧一下。在戒嚴及物資有限，民風仍保守的情況下，美女美在氣質，少有令人非非之想的辣妹裝扮。就算交女朋友，最大方的尺度，在牽牽手，公然擁吻彷彿限制級一般，不便公開。

那個年頭，政府優惠海外華人回國念書，其中香港可能因地緣關係，佔僑生中的比率最高。我的一位同學，也是香港僑生，相處久了，自然變成好朋友。俗話常說，好東西要跟好朋友分享，我與這位好朋友，自然不例外。當時香港在英國統治下，很多方面遠比臺灣開放，公然販售《花花公子》雜誌，就是其中一例。

我的這位同學，也許聽寫較一般本地同學慢，或者心有旁騖，筆記寫不了幾個字。那個年代，沒有現代的視聽設備，也不准錄音，筆記成為準備考試最重要的工具。筆者資質也許不怎麼樣，筆記倒是記的很認真，也算詳實。這位同學，每逢考試，必預約我的筆記本，宛如禿鷹盯上獵物，一絲都不能大意，交換的禮物，竟然是物以稀為貴的《花花公子》或《閣樓》雜誌。

經過這麼多年，我已經紀不得第一次接觸《花花公子》或《閣樓》雜誌的細節，但是生平第一次開葷，看到赤身露體的金髮美女，擺出撩人的姿態，胴體曲線優美，該凸該凹的地方，玲瓏有緻，最要命的是，連私處細節都大方露，要大男人不興奮也難。看上癮之後，像吸鴉片一般，要戒掉更難。還好醫科修業長達七年，就算中間才染上癮，也可以斷斷續續持續好一陣子。

當年海關把關嚴格，像《花花公子》或《閣樓》這樣的雜誌，是靠漏查偷渡般進來，不是每一次都那麼順利。一旦沒收，就開天窗一次，何況當時來往香港的班機不多，票價也高，我這位「叔」字輩的同學，當然不可能當空中飛人，有事沒事香港臺灣兩頭跑，我的精神食糧，自然地物以稀為貴。我稱這位同學為「叔」字輩，一點都不冤枉他，雖然年齡和同學差不了多少，他前額微禿，體態有點發福，走起路來，不疾不徐的模樣，硬是教他香港一起來的同學，以名字中的一個字再添一個「叔」稱呼。

那年頭，當實習醫師非常忙，不但要接住院病人，問病史、寫病歷，幫病人打針，還要自己幫病人抽血、留尿，抽了之後，自己驗血、驗尿、甚至驗大便，結果當然要向住院醫師報告。有的住院醫師個性比較急，會不時向實習醫師催報告。我這位同學自然不例外，他屬於慢郎中型，不巧的是，內科實習時，碰到急驚風型、身材嬌小秀麗的女住院醫師，又犯了人可以貌相的定律，一起查房時，病人或家屬搞不清楚那一位才是大醫師，常常對著我這位大叔般的同學，稱呼教授，述說病情。是否因此讓這位女醫師不爽，不得而知，但是可以確定的是，平時不常發牢騷的他，那一段時間，沒有一天不抱怨，彷彿僅有的一點體力精力，也被這位住院醫師榨乾用罄。基於同袍之誼，我們雖然同情，卻也愛莫能助。奇特的是，這位只有少年和中老年樣貌的同學，真正步入老年時，由於保養得宜，體態反而比學生時代看起來還年輕！

實習醫師和住院醫師，本來就是上下沒差多少屆的同學，異性相吸，就算對高兩、三屆的同學也難免。閒時聊天，在枯燥的打針、抽血、驗血、驗尿之餘，也不免對上下屆的女醫師，品頭論足一番。其中高我們三屆的一位女住院醫師，有冰霜美人之容，其冷豔氣質，硬是迷倒一票男醫師，包括希望渺茫的後輩。偏偏有室友，彷彿中邪一般，無時無刻不把這位女醫師的名字，掛在嘴巴上，好像做夢也不能免。雖然說歸說，還好畢了業之後，這高射砲般的單相思也無疾而終。

比較糟糕的是另外一位同學，苦苦追小我們一屆的學妹，這位學妹，人長得標緻，又靈活刁鑽，活像金庸武俠小說筆下的小龍女，我們班同學，根本不是對手。但是一心沉醉於戀愛中的男人，執迷不悟，倒是對這位名字中有章字的學妹，形容得很貼切，他說她就像章魚，抓住一隻腳，另外七隻還是會想辦法爬走。

從欣賞女人胴體曲線之優美，誘發男性深層的欲望，進而窈窕淑女，君子好逑，男人對於佔據另外一半世界的女人，絕少用心了解過，即令做了大半輩子的夫妻，能抓得準老婆想法的先生，仍然可能是少數。女人秘境，男人一輩子也探索不完。

1-20

農夫的輓歌

小時候鄉下人家，家家戶戶都供奉神明，以觀音居多。每天清晨洗臉洗手後，第一件事就是燒香拜觀音、拜門神及祖先。這傳統或習俗在舊時農村社會，傳遞少說也有幾百年，甚至上千年，正印證古人所盼望祈求的「每日清晨一柱香，謝天謝地謝三光。但求處處田禾熟，惟願人人壽命長。國有賢臣安社稷，家無逆子惱爺娘。四方平靜干戈息，貧富無憂過時光。」現在回想起來，當年所祈求的，有一半達成，包括戰後臺灣政府勵精圖治，社會相對安定，一片欣欣向榮，孩子也都肯上進；另一半則是農夫生涯必然的宿命，包括種植的作物是否豐收得仰賴天氣，收成時候是否能賣得到好價錢，得仰賴市場供需，農夫雖然上下工很自由，有農忙、農閒的季節性調節，但是以收成養家而論，卻是最聽天由命、最身不由己的行業。

我父親是長子，繼承祖父的田產務農，理所當然。母親十八歲嫁過來，兩位比父親大的姑姑已出嫁，另一位比父親稍小的姑姑賣給他人，剩下來六位弟妹，除了二叔、三叔已大到可以自理，其他都還在唸書，小叔則尚未上學，食指浩繁不用說，衣不蔽體，也須母親動用麵粉袋的布料縫製成的衣服，解決小姑、小叔的穿著。雖然與母親同齡的二叔也很快結婚，但是父親、二叔兩兄弟的孩子，一個接著一個生下來，生計雖無大問題，張羅多達二十口人的一日三餐，應付日漸龐大的家庭支出，責任幾乎都落在長子、長媳身上，因為祖父位居長輩，發號施令為主，祖母則忙著疼孫子。二叔、二嬸孩子生得密，應付大家庭的瑣事也較被動。

從我懂事開始，父、母親天天就過著日出而作、日入而息的生活。種茶收入不穩定，父親也會想辦法改變植被，部分茶園改種西瓜、水梨，或其他價值較高的農作物。在貧瘠的茶園種西瓜，事後想起應該是最吃力不討好的事。除草、施肥、灑農藥、挑水灌溉，每一樣動作都不能缺少，好不容易西瓜長大了，怕被人偷，一定要有人看守，這工作就落在與我們一同住在寶山路上住家的五叔身上。夜間看守工寮的五叔，只能仰望星空，或想辦法遮風避雨，忍受蚊蟲的侵襲，甚至蛇類出沒，一季辛苦換得到的報酬，竟然是一顆顆賣像不佳的西瓜！賣不出去，父母心裡淌血，我們年幼無知，還很高興那一段時間不停地有西瓜吃。

人家窮則變，變則通，但是我們家茶園的地質不良，任憑父親怎麼施肥，甚至大量使用有機肥料，仍然徒勞無功，只能靠茶園產茶生活。父親不甘心，不時動腦筋，想增加收入。有一回，家裡突然冒出一堆不像一般草的草類植物，原來是爸爸和朋友到深山裡面採的蘭花，這一次，他學乖了，不種在乾旱的茶園，而是拿到老家下山，山坡地陰涼的地方種，但是路途遙遠，疏於照顧，以及經驗不足下，依然失敗收場。

在一波波努力又失敗的背後，隱含農民靠天吃飯，難以養家的悲歌。印象中有一次臺灣流行養一種鳥「十姊妹」，轉手可以賣得到好價錢，許多家庭一窩蜂地投入，最後血本無歸收場。我爸爸也曾經動過念頭，不知什麼原因踩煞車，否則又是一則失敗的故事，我猜測應該是比較理性一點的母親擋下來。我媽媽書讀得不多，靠伶俐的手腳，勤奮的天性，贏得公公婆婆及姑姑叔叔們，一致地信賴，儼然成為小家族的發言人。

母親從嫁過來後，就知道一輩子耕田種茶，不會有什麼出息，因自己讀到小學三年級即失學，一輩子為不識字所苦，不但極力主張讓四姑、五姑唸完小學，四叔、五叔，唸到中學，也鼓勵他們往外發展。我三叔曾經有機會到竹東玻璃廠應徵工作，四叔中學畢業後，積極報考飛行學校，甚至父親也有機會到我三姨丈上班的鐵路局工作，只可惜生性保守的祖母，一昧地反對，認為耕田種地，足以養家活口，不要搞什麼飛機。祖父、父親不便反對，母親孤掌難鳴，大家也只好乖乖種田過一輩子。這件事一直讓母親耿耿於懷。叔叔、姑姑們對母親的感念，不因事過境遷而煙消雲散，我們一家人的關係格外密切，其來有自。

我五叔比較幸運，跟著大哥、大嫂，住在祖父母鞭長較不及的地方。當完兵後，我媽媽積極地讓他往外發展，當時位於苗栗縣頭份鎮的華夏塑膠公司剛成立，我媽媽就慫恿五叔去應徵上班，當藍領工人。這時祖母已經過世，我媽媽等於大嫂兼母職，幫五叔找對象結婚。有一次到媒人介紹的人家相親，對方居然說五叔在私人公司當工人沒出息，讓我媽媽非常生氣，回來後，立刻找上在鐵路局上班的姐夫幫忙，也把五叔安插進入鐵路局，從此過公務人員的生活，也順利結婚生子。媽媽也一吐當年因保守的祖母作梗，不克把自己先生弄進去鐵路局的怨氣。

父親生前無法脫貧致富，差堪安慰的是，除了我大姐，其他四個孩子都唸完公立大學，除了不必務農，也替父母省了不少錢。父親天性四海，即使身為農民，也結交不少士紳，包括想將女兒介紹給我的知名醫師家庭，甚至當了很多年龍山國民小學的家長委員。一年一度的平安戲，家裡常賀客盈門，國小校長及其他朋友，也不時造訪聊天。但是農夫的卑微身分，抹不去的黝黑肌膚，其實已盤據他心頭。持續多年借貸過日子，不讓子女知悉，分憂解勞，也造成他有揮之不去的鬱卒。父親與學歷越來越高的子女話不多，但是重要場合不會缺席。大姐出嫁時，哭得最兇的居然是我父親，其性情中人，表露無遺。我考上大學到成功嶺受訓，只要有懇親會，父親一定出席，即使相聚時間有限，話也不多，但是當年望著他離開營房，看到的背影，一如朱自清描寫他父親的「背影」，令人鼻酸。

我大學畢業的時候，應該是我父母及祖父最高興、最驕傲的時刻，一行人包括當年陪我考大學的大姐、姐夫及表哥，和插花湊熱鬧的阿姨及二叔、外甥女，一起參加我的畢業典禮。從當年留下的照片，仍然可以捕捉父親滿足的英容，正慶幸可以落下部分重擔，想到不到一個月以後，在我到衛武營服兵役的第三天，父親突然倒在工作一輩子的茶園，失去目睹兒子當一名他所景仰的醫師的機會，也無法脫離他一心一意想脫離的農村。軍人以戰死沙場為榮，我父親則在自己的農地鬱鬱而終。母親事後叨念，若當時父親如往常一樣，陪我到高雄，並順便到屏東三姑家住上一兩天，與他關係密切的三姑丈哈拉一下，說不定可以逃過這個劫數。

生死有命，世事難料，唯一不變的是，身為初階生產者的農夫，無法逃過靠天吃飯、身不由己的宿命。我父親應該是我們家最後一位終老於農夫職位的人，母親雖然在父親過世後，持續務農直到茶園被徵收，成為現在新竹科學園區的一部分。但是在大半輩子辛勞之後，她仍然有幸不必務農過餘生，不必再挑重擔給兩公里外的採茶工人吃飯、吃點心，一天還要來回兩三趟。更不必再擔心茶價下跌，又要借錢過日子。晚年得以含飴弄孫及曾孫，也差堪告慰。

養育筆者並取名字的祖母。

祖父於下山老家客廳悠閒地抽煙。

筆者與大姊兒時照，為筆者唯一童年像片，乃張排長安排軍營的照相師促成。

小學畢業旅行在左營春秋閣的合照，第二排右起第四人為筆者。

張排長與大姊合影，大姊讓張排長想到大陸同齡的女兒。

大姊出嫁前在家門前庭院全家福，中間為父母，前面是弟弟，後排筆者右側為大姊，左側為大妹、二妹。

筆者與室友合影於醫學院庭院，後排自右至左分別是詹士人、蔡性室友、許權振、筆者與許國泰。前蹲者是郭啟泰。

大學四年級暑假與同學在關子嶺廟前合影，後排最右側為筆者。

筆者畢業時與姊夫（最左抱外甥宗志）父親（左 3）祖父（左 5）母親（右 3）二叔（右 2）及阿姨（右 1），合影於台大校門前，站在前面者是外甥女文惠，表哥瑞鴻幫忙照相。

第二章

步步驚選

2-1

虎嘯風生

一個人的生肖，由父母決定。我爸爸生肖虎，無意間造就一名虎子。虎父無犬子，應該是美事一樁，至少直到我大學畢業時，這虎子一路走來，無愧於父母長輩的期望。

大學四年級暑假，與班上同學到中南部旅遊，一路上只要有同學的家，一行人就進去拜訪，才發現同學的家庭背景五花八門，有開旅館的，也有開補習班的。有老師、律師、建築師、開業醫師及省立醫院院長。這一趟旅遊，不僅拓展自己的視野，也增進同學之間的了解。一行人到台南關子嶺，在那裡留下一張合影。此行極少照相，這張照片也變得稀罕，但是對我而言，特別的不是照片本身，而是背後的廟。到這間不知名的小廟，也許同學都已經到大學四年級，不管有沒有男、女朋友，開始關心自己的因緣，紛紛起鬨抽籤，看看自己的運勢。從來不抽籤的我，也隨意抽了一支，籤詩內容已經無法記住，一眼望過去似乎不是好籤，而且提到虎字，當場沒有保留，事後心頭一直有陰影存在，但也從未告知家人。

大學畢業後不久，父親過世，我立即回想起那支籤，雖然父親驟逝，與長期勞累，缺乏好好保養身體比較有關係，筆者仍不免懊悔當初未請人解籤語，或許可以去厄運。往者已矣，父親生前最大心願，應該是能目睹身為長子的我成家立業。雖然沒能及時完成他生前的願望，在他死後，我的腳步變積極，除了早日了卻父親的遺願，也對寡母有交代。當時二妹及小弟在唸書，大姊已婚而且有小孩、有家庭要照顧，我則奔喪三天後返回鳳山衛武營區，繼續受訓。還好我的大妹從師範大學畢業，也幸運地分發到我曾經讀過的新竹一中（後改名建華國中）教書，可以陪母親渡過這突如其來的難關。在這段日子裡，幸虧有位在屏東機場眷村內開小吃攤賣麵的三姑及姑丈關照，可以稍解受訓又遭逢家中蒙難的痛苦。

三個月後，調到台北士林衛勤學校，展開另外三個月的訓練，以課堂為主，不用出操，假日可以回新竹探望母親，或到板橋大姊家敘舊，日子好過多了。一個週末的晚上，在中山北路的一家餐廳，參加一位同學的婚宴，與一名女同學同桌。因學號相距甚遠，雖然同窗七年，只有在大三大體解剖課時，與這名女同學分發在同一組而有稍許互動，平時鮮少有機會碰頭。只有一次，從新公園回宿舍的路上，在台大醫院前面的人行道上，撞見她拉著一只大皮箱，應該是新買來準備裝行李回家。同行有點閉思（保守）的室友，居然問我敢不敢去幫她拉一下，我二話不說，就向前幫她拉大皮箱。她大概冷不防有同學突如其來的動作，露出相當訝異的眼神。畢業前的實習醫師之夜，首次體驗女同學也可以這麼豪邁，紹興酒一杯又一杯，絲毫不輸男生！

雖然只有幾個月沒有碰見，但是眼前這位單獨赴宴，穿著素色洋裝，婉約脫俗的女士，已經不是記憶中的同學的倩影，彷彿從圖畫中走出來的仕女，不是很真實，卻是確確實實存在的事實，勾起我心弦的悸動，一如投入我心湖深處的石子，掀起的漣漪，令我久久不能自已。心動不如行動，為避免唐突，當場未有任何表示或暗示，而是回部隊後，立即找時間寫信。內容不敢寫得太露骨，免得會錯意，下不了台，但是也清楚表達希望有機會約會，並進一步往來。收信地址不方便掛在士林衛勤學校，乃填上位在板橋大觀路上大姊家的住址。

就像投稿一樣，信才剛寄出去，就開始擔心對方會不會收不到，會不會被悍然拒絕而退稿，會不會出了什麼差錯？遑遑不可終日下，過了幾天，大姊告知收到一封寄自台大醫院宿舍的信，我很快找時間趕過去拿。望著字跡娟秀細緻的信封，還未拆閱，就有一股暖意。同學七年，還沒有正眼看過她寫的字，這回看到她的親筆信，自然不同凡響。內容倒是意外地簡短，要言不煩，正面回應我的請求，我也很快履約到台大醫院女生宿舍外面站崗。雖然已經過了學生的階段，從同學要變成情侶，不免像毛毛蟲要蛻變成蝴蝶一般，從靦腆對望到牽手，不敢造次，逐步昇華。

三個月很快過去，受訓最後一週須抽籤決定分發的軍種及單位，那一夜恐怕是有生以來最緊張的一刻，當時還是戒嚴時期，國共對峙，外島仍然緊張。對我而言，若不幸抽到外島的籤，不僅媽媽要牽腸掛肚，剛冒出芽的愛苗，一旦長久缺乏滋潤灌溉，前景恐怕不樂觀。幸運的是，雖然沒有抽到台北近郊服役的上上籤，也有幸分發到空軍在雲林縣虎尾的一個單位當醫官。當晚立刻和可以直呼其名的女朋友佩文報喜訊，也開始一年又四個月的通勤生活，只要休假就往新竹、台北跑。當然，抽籤總有抽到下下籤者，即使過了三十八年，我仍然很清楚記得抽到那隻下下籤的同學，當場臉色鐵青，因為上面標示「東引—反共救國軍」。那年頭，還聽說兩岸的水鬼（蛙人）會到對岸，摸走敵人的頭或耳朵回去邀功。那位同學的恐懼和難過，可想而知。當晚他出營區散心，很晚未回，部隊長官及同學，都非常緊張，怕他想不開尋短。深夜終於回營區，大家也鬆口氣。當完兵後，他到美國去當醫師，似乎還沒有見過他回來台灣，是否當年兵役，造成不可磨滅的心理影響，不得而知。

我與佩文的親密關係，就算不是一日千里，也在勤能補拙下，進展神速。當年台北長庚醫院才剛開始，有位同學沒有當兵，申請到長庚醫院當住院醫師，宿舍兼值班室就在十二樓，醫師不多，隨時都有空的床鋪。每回到台北找佩文，週末就窩在同學或室友寢室，星期天鎮日勤於約會，晚上才坐夜班火車回到斗南，再轉乘計程車回營區，趕上與部隊長共進早餐，順便點名。因夜班火車到斗南，通常是凌晨三、四點，人最睏的時候，經常錯過斗南站，坐到大林、民雄、甚至嘉義站才驀然驚醒，趕緊坐北上的車回頭。

勤於耕耘下，彼此心心相印，很快就發展到求婚的階段。雖然平時聊天，已約略知道彼此的家庭背景，但是第一次到佩文位於台中三民區眷村的家探訪，心頭仍然不免一驚。因為讀書的時候，比鄰而居的訓練中心眷村，是我們又愛又恨的對象，愛的是我們村莊的井水，在枯水期時，水常不夠用，這時到眷村挑自來水回家用，成為我們的例行公事，眷村的住戶對我們很客氣，從來未阻撓過。恨的是每回傍晚辛苦做完農事回家，經過眷村，家家戶戶都已吃完晚飯，坐在外面庭院喝茶聊天，而我們才剛可以卸下一天的勞苦。由於白天耗盡體力，仍然只能溫飽，我的父親感受尤其深。母親雖然一樣辛苦，但是一如傳統客家婦女，任勞任怨，鮮少抱怨。

此時兒子居然要到眷村，準備要娶未來媳婦，若父親仍在，不知做何感想？尤其第一次到未來岳父母家，聽純正山東口音的國語，許多字抓不準意思，又深怕弄錯，的確很辛苦。此時，在鐵路局服務的五叔，與同在鐵路局工作的未來岳父，倒是有共同語言，足以化解陌生尷尬的場面。一直未注意彼此生辰的我，準備要合八字訂婚，才發覺我的愛人是與我同生肖的母老虎，而不是和同班多數同學一樣地屬兔！心弦不免一震，繼而想到既然自己是隻「公虎」，何須懼怕同生肖的母老虎，何況交往這段日子，佩文溫柔婉約的一面，發揮得淋漓盡致，應該是多慮了。

事後訂婚、結婚、生子，很多年下來，直到今天，虎唱虎隨，一路相隨，其間不免有時暗潮洶湧，令人想起蘇東坡的一首詩：「廬山煙雨浙江潮，未到千般恨不消。及至到來無一事，廬山煙雨浙江潮。」虎嘯自然風生，當然不是蓋的！

2-2

南轅北轍

俗語說「丈母娘看女婿，越看越有趣。」這是否表示多數丈母娘初次看到未來女婿，彷彿在看戲，初時摸不著頭緒，接著越來越入戲，才敢品頭論足。就我第一次「探虎穴」的經驗而言，我的準丈母娘倒是一點都不含糊，很直率地問她女兒：錦豪這麼瘦，會不會有什麼病呀？傳統上，胖是福，而瘦與弱很容易聯想在一起。我的準丈母娘是標準福福泰泰的人，兩個小舅子也不瘦。此時丈母娘的第一句考題，看來不方便自己作答。倒是五叔很快回腔，從來沒看過我生過什麼病，這也是事實，只除了小學四年級，祖母過世期間，身體莫名其妙起疹子。但是自己人幫自己人，很難取信於他人。佩文的幫腔，才能發揮一言九鼎之效，她提到自己小學時候也是很瘦，岳父年輕時候也很瘦，言下之意，他們都沒事，我應該也沒有問題，兩句話就解決第一道問題。

接下來就双方家庭背景，有一番交談。岳父、母的老家在大陸山東，是有錢的大戶人家，小時候從不缺錢用，自然地也不必勞動筋骨做家事，更不用說做農事。千辛萬苦逃難到台灣，住的是眷村，生活雖然清苦，主要靠岳父一個人的收入，養活一家人，三個孩子倒是不必打工賺錢。所以當準岳母一聽她的寶貝女兒，要嫁給客家人當媳婦，婆婆還是天天上工的茶農，那還得了。本來客家女人都給一般人刻苦耐勞的印象，現在我媽媽，也是佩文未來婆婆，就是眼前活生生的例子，要準岳母不擔心是不可能的。既然來提親，佩文的未來就要掛保證。還好有兩樣事在發展，讓我們不必太費心舉證。第一，我父母辛苦一輩子耕作的茶園，已經在政府徵收中，將成為台灣第一個科學園區。沒有茶園那裡來農事？第二，佩文在台大醫院內科服務，我退伍後，成績也足以申請進入台大醫院外科，婦唱夫隨，家住台北，家事有我勤快的媽媽幫忙料理，何來費心擔憂？茶園徵收後，政府補償的錢，打算台北買房子，所以連未來的窩都有著落。岳父、母都是北方直性子的人，說話不拐彎抹角，兩個重要考題都過關，剩下就是訂婚、結婚細節的安排了。

雙方都是小康人家，訂婚就相約成俗，沒有多少繁文縟節，倒是佩文穿上有點華麗的禮服，豔氣逼人，我則緊張到差一點訂婚戒指戴不好。全家都動員，從祖父、母親、四位叔叔、大姊及當縣議員的遠房叔公，都來參加。在家裡完成訂婚程序後，到岳父選的餐廳用餐，既然掌上明珠要許配給人，岳父選的餐廳以當時標準，好得沒話說。衹惜天空來鬧場，居然下起傾盆大雨，後來結婚甚至於渡蜜月時，都在大珠、小珠落玉盤的情況下，與天共舞。結婚時得到宋瑞樓教授的福證，尤其下雨天從台北專程趕到新竹，隨後又匆匆趕回去，讓晚輩一輩子感激不盡。結婚當天，岳父送了一個應該是他精心挑選的，木製鑲銅祝賀匾，刻上「互敬、互信、互諒、互勉」共八個字的箴言。

一般人結婚時，都是送永浴愛河、早生貴子等討吉利的話。岳父送的卻是有點訓勉味道的箴言，當下有說不出來的怪，一如陶淵明詩所云「此中有真意，欲辯已忘言！」我結婚的準備工作，包括親友的連繫安排，地點的選擇，乃至於儀式細節，因人在軍中，身不由己，大部分有賴大妹寶連與母親的張羅，她們已盡心盡力，務期做到盡善盡美。結婚熱熱鬧鬧地進行，包括我湖口姨丈令人捧腹的肚皮舞的演出，但是中間仍不免有掛一漏萬的地方，惹得岳母當場發飆，也讓大家一時傻眼，愣在那裡。所幸擔任司儀的叔公，也是當時的縣議員眼尖，見多識廣下，立刻出面打圓場，化解了一場迫在眉睫的危機。

婚後才是考驗的開始，母親是傳統客家婦女，農忙之餘理家，手法難免粗糙，煮的是傳統客家菜，無論色香味，都和北方菜有很大的差異，尤其客家人待客視為上好佳餚的白斬雞，佩文根本不敢碰，這些問題我們以前壓根兒都沒想過。儘管兒子非常捧場，北方習性的媳婦，難以適應飲食的劇變，只挑極少數她可以接受的食物吃，有時乾脆不吃，找零食填肚子。母親有時想變一些花樣討好媳婦，無奈未諳北方人的習性，僅偶而成功。理家的理念，也相當兩極化，母親有自己的想法，佩文則有她的堅持，意見相左時，我才要開口解釋，她就抱怨我偏袒我母親。誰叫我是娘胎下的產物，意見偏頗實在難以避免。北方人率直的反應，常讓我直覺是不是又犯下什麼大錯，尤其老婆的記憶出奇地好，先前不小心鑄下的錯誤，成了累計的舊帳，小生要翻盤，機會幾乎是零，家裡成了無煙硝但是時有磨擦的戰場，如此輾轉過了三個月，夾在兩個大女人中間的小男人，終於受不了，找上岳父，希望他勸勸自己的女兒，稍退讓一步，讓小生好過一點。知女莫若父的岳父，搬出他贈送的八字箴言，反而要我退一步海闊天空，這時候我才終於領悟岳父先鞭一著的苦心，也自此臥薪嚐膽，細細咀嚼南轅北轍的孤詣。

幸好隨著時間過去，彼此逐漸磨合。幾次應酬，醉倒在老師的家，甚至於加油站裡，佩文都和岳父趕來把我帶回去，事後也沒有抱怨，讓小生銘感五內。之後大女兒、二女兒陸續誕生，琴瑟也逐漸歸於和鳴。

2-3

不如歸與瑪麗莎

我們這個年代的人，都有共同的記憶與嗜好，其中之一就是看電影。當年娛樂場所及方式有限，票價還可以被大眾接受的電影，自然普受歡迎。其中，民國五十四年榮獲臺灣地區最佳賣座外語片的「不如歸」，相信讓許多人留下深刻的印象，至今記憶猶新。該部電影原名為「Un Rayo de Luz」，若按照西班牙語直譯，意思是「一道光明」，雖然直譯充滿陽光與希望，但是缺乏某種韻味。當年的片商，找人將它取名「不如歸」，非常高明、有意思。電影敘述一名女孩瑪麗莎（Marisol）的父親飛機失事，瑪麗莎和媽媽必須依靠祖父，祖父是一名將軍，有相當的身份地位，不能接納身份地位都差一截的媳婦。但是瑪麗莎非常漂亮可愛，又能歌善舞，歌聲有著佛朗明哥般略帶粗獷的特色，會作怪、能搗亂，但又不失孩子的童貞與稚氣，藍色眼珠儘含精靈般慧黠的神情。由出生在西班牙南部馬拉加，本名 Josefa Flores Gonzalez 的十二歲女孩演出瑪麗莎這個角色，不僅入木三分，改變了老祖父及大莊園中冰冷的氣氛，使母親為祖父接納，一家團圓，更讓一般觀眾陶醉在歡樂溫馨的電影氣氛裡，被天底下從未見過的、如此靈巧可愛的女孩所吸引，久久不能自已。

當年我看這部電影時，才只是中學生，但已經被瑪麗莎弄得神魂顛倒，暗自期許將來要有一個女兒，像瑪麗莎一樣出色可愛。結婚後，這個多年的夢想，即將要實現，就看老婆大人配不配合。雖然蜜月旅行僅止於溪頭兩天，且在淅瀝瀝的雨中渡過，實在不怎麼浪漫。婚後婆媳關係緊張，小生不敢有太大的奢求與主張。但是生孩子的事情，佩文倒是沒有異議，兩相情願下很快就懷孕，一年後大女兒就誕生。眉清目秀沒錯，但是前幾個月頭髮沒有幾根，祖母帶出去，別人家看了，還以為是小男生，離開夢中的瑪麗莎有點遠。直到周歲過後，頭髮長出來，眉宇之間，透露一點靈秀之氣，讓初為人父的，漸漸有信心。

雖然夫妻都是住院醫師，理應有相當醫學常識，但是打從懷孕開始，狀況連連。首先在懷孕七個月過後，大女兒就不太安分，不停地踢她媽媽肚子，有時亂踢，有時像打節拍一般，非常有規律地踢，連時間、間隔都抓得很準，讓初為人父母的，從歡喜轉為擔憂恐懼，會不會是抽搐的現象？資深產科醫師余教授幾次產前檢查，都說沒有問題，看起來是我們少見多怪！懷孕晉入第九個月，佩文忽然下腹陣痛，以為要提前生產，我母親及岳母趕緊提著大包、小包的東西，倉皇地陪她從家裡坐計程車趕來台大醫院待產。待了一天之後，肚子不痛了，又趕忙回家。直到真正破水生產，中間仍有一兩次陣痛，但有了先前經驗，就不會那麼害怕，非到醫院一趟不可。

當年產後流行打斷奶針，小孩多餵食配方奶，對職業婦女而言，的確很方便。我與佩文都是住院醫師，大女兒生後就由我母親帶，在茶園正由政府徵收的過渡期，母親會常回新竹，大女兒也跟著在新竹渡過一段童年。有一次幾天沒大便，母親匆匆忙忙地帶她到醫院找我，肛診一摸，肛門裡盡是硬便，趕緊灌腸通便，當時夫妻倆還擔心女兒會不會得到先天性巨結腸症，為此翻閱小兒外科的教科書，也密切觀察後續發展。還好飲食添加蔬菜水果後，便秘逐漸改善，先天性異常之奇想最終只是虛驚一場。

大女兒越長越漂亮，簡直是瑪麗莎的翻版。佩文與我雖然忙碌，也一致同意趁年輕時，再接再厲，再生一個。何況老大產後檢查有卵巢囊腫，卵巢已經去了一邊，另一邊管不管用也不曉得。母親當時還年輕，自認可以一手帶兩個，我們也著手準備生第二個小孩，最好是男生，以時興的說法就是一百分。就算是女生，多一個瑪麗莎也不賴。兩人參考各方書籍及說法後，盼望能一次達標。我們也的確達標，是女兒，體重還超標，真難為佩文可以自然生產下來。出院時換衣服，和旁邊小她一號的新生兒相比，二女兒硬是超然可愛。

二女兒的確可愛，從出生後不久，我們就發現她與大女兒很不一樣。圓圓的眼珠盡含精靈般慧黠，想的、做的，常出乎意料地妙，比瑪麗莎還要靈巧，雖然與姐姐比，可能沒有那麼美，仍然是集秀外慧中於一身的小女孩，讓我們非常得意。多年以後回顧，中學時代一部電影的夢境，竟然能實現，還一舉成双，實在難以置信。更妙的是，七年後再添一子，也是超乎當年的預期。

2-4

步步驚選

如果一個人的名字，會影響他一輩子，我二叔與戶政人員未按我婆婆原意，給我另取名字，讓我走上當年意想不到的醫生之路，應該可以說是神來之筆。初中三年級的補習，讓我考高中時吊車尾上榜，也意外地促使我高中時不再補習，按自己規劃的方式與步調念書，因此考上第一志願。甚至因父親偷懶慢報戶口，使我與佩文得以同班，終究有機會結為夫妻。這些被動或者主動的選擇，當時可能無心，惟事後回想起來，其所造成的影響仍不免令人吃驚。有人一失足成千古恨，有人攀龍附鳳，一路飛黃騰達。撇開這兩個極端不談，像我這般凡夫俗子的每一步選擇，多不乏「驚選」，驚奇的地方，不在性命交關，而在長遠的後果。

大學畢業前，還沒有特別偏好那一個醫療專

科的想法。雖然有長官告誡四大科的壞處，但是當年醫科學生把書念好，多為的是想擠進台大醫院四大科的窄門。大學畢業後不久，父親突然離世，以我當時有限的醫學知識，判斷與心臟病突發有關，因為事後母親回想，父親生前有時會抱怨胸口悶痛，加上煙酒不忌，更加重其可能性。當兵時雖然忙於勤務，仍不忘拿枯燥的心臟醫學書籍猛啃，恨不得早日精通這方面的醫理，可以早日懸壺濟世，挽救像父親這樣的病例。

佩文進入我的世界，也改變我獨善其身的想法，必須務實面對兩個人同甘共苦的未來醫學新天地。佩文已經是台大醫院內科住院醫師，我如果選擇內科，即使將來走不同次專科，也沒有多少互補作用，這對於未來有可能離開大醫院，選擇到外面開業時，有一定程度的影響。何況當完兵回來，她是第三年住院醫師，我則是初入門的第一年住院醫師，被老婆騎在頭上，在家就算了，在外頭如果依然如此，實在有違大男人的想法。更有甚者，心臟醫學書籍讀得越多，越發現自己醫學知識的貧瘠，唐吉訶德般救贖的衝動，看來必須晾在一邊。

這時候才發現直到現在，連選擇那一個專科，都像牆頭草般搖擺不定，不像很多同學早已篤定，一畢業就朝立志的專科邁進。除了一路往前衝，竟然自己要當什麼樣的醫師都搞不定，豈不怪哉！回想當年偉人傳記讀到的史懷哲醫師，或者創辦梅約診所的梅約兄弟，都是不分科的全才，病人就是病人，那裡有病就要從那裡醫到底。後來醫界喊得漫天價響的全人醫療，先賢早就貫徹始終。忽然面臨要選科，就必須稱一稱自己的斤兩，適不適合該專科。

內科有老婆大人坐鎮，成天在一個器官系統打轉的婦產科，從來就沒列入考慮。得鎮日哄小孩的小兒科，似乎也不是我的專長。四大科去掉其中三科，剩下來當然就只有外科。務農人家的小孩，四體勤快，動手動腳難不倒我；學生時代，有幾位令人景仰的老師，其中不乏手術技巧非常乾淨俐落的外科醫師，塑造出大醫師大手術、大有為的形象，令人產生有為者亦若是的印象，外科也成為我不做第二的選擇。

事實上，當年外科炙手可熱的程度，遠非現在醫學生所能想像，以我申請進台大醫院外科部住院醫師那一年（民國六十七年）為例，錄取的八名住院醫師，最後一名也是前後屆排名都在全班成績二十名以內，當時一班有一百位同學，激烈程度不難想像。我們班有位同學，成績剛好在錄取邊緣，第一年上不了，只好委曲在婦產科蹲一年，很不幸第二年希望也不大，只好悻悻然離開台灣，申請到美國當外科住院醫師。

現代外科的發源地英國有句諺語說：「好的外科醫師應該具備老鷹的眼睛；獅子的心和姑娘的手。」（*A good surgeon must have an eagle's eye, a lion's heart and a lady's hand*）。個人長相瘦長，比身材高大的幾位師長，手更貼近姑娘的尺寸。至於眼睛是否比心儀的師長更像老鷹？心思是否更像獅子？委實無法丈量。既然選擇外科，就必須大膽假設自己有老鷹、獅子附身，而不是誤闖外科叢林的兔子！

2-5

新手上路

在雲林縣虎尾的一個空軍單位當醫官，看的是阿兵哥感冒、胃腸不適等小毛病，偶而處理一下小傷口，一旦懷疑急性闌尾炎，或較嚴重的外傷，須要動刀或做較大的清創術時，就往上轉送。在我之前的一位醫官比較大膽，居然敢在醫務室有限的設備下，和同期一位藥師合作，給血氣方剛的阿兵哥割包皮。那個年代沒有電燒機，一律依靠綁線止血。大血管好看好綁，小血管則多不勝數，無法一一結紮，只能靠術後壓迫止血，還要阿兵哥在術後幾天，清心寡欲一點，免得血流不止。在那樣克難的情況下，我們這位學長居然平安無事地造福幾十位阿兵哥，無法不令我們佩服。退伍後，他選擇須動刀的婦產科，彷彿是順理成章的事。

我與另一位同期醫官接手這兩位學長的缺，

膽子不夠大的我們兩個，不但不敢給阿兵哥割包皮，連醫務室主任暗示到外面醫院兼差的事，也不敢碰。在雲林縣虎尾的一年又四個月，我們兩個幾乎當非常清的內科醫生，很難想像退伍後，我們兩個都走外科！

退伍前，曾經想從書店找一本怎麼當一名外科醫生的書，可惜遍尋不著，只找到一本外科技術手冊，以及一本外科診斷的原文盜版課本。前者圖文並茂地教導如何使用手術刀、綁線、縫線以及放置引流管等基本技術，以及外科常用材料及其特性。這裏面最具挑戰性的，就是綁線，因為我們當外科住院醫師的頭兩年，還沒有電燒機，止血一律依靠綁線。全身麻醉也是選擇性地做，很多手術靠局部、脊椎或靜脈注射ketamine麻醉下完成，術中缺乏偵測生命跡象的儀器設備，隨時得分心注意病人的狀況，手術時間分秒必爭，越短越好。主治醫師只管劃刀，住院醫師必須迅速地以蚊鉗夾住血管、然後綁線、剪線，一氣呵成，絕不能拖泥帶水，否則雷公響起，必定有好戲看！

當年為了練習綁線，凡我走過的地方，必定留下綁線的痕跡，連主臥室都不能倖免，瘋狂的程度，年輕一代的外科醫師恐怕無法想像。至於外科疾病的診斷，雖然是負責看照會的資深（第三年以上）住院醫師的職責，但是資深住院醫師忙不過來時，我們也須上場看照會。這個時代大家朗朗上口的電腦斷層攝影及核磁共振造影，那時還沒有出生，至少在台灣還沒有影子。連剛問世的超音波，影像也非常粗糙。診斷主要靠詳細的病史、精確的身體檢查，輔以檢驗室血液、尿液及生化檢驗數據，以及有限的胸腹部 X—光片檢查。前輩智慧結晶撰寫成的外科診斷教科書，綜合上述發現，歸納出鑑別診斷的實用法則，成了我的明燈，至少讀過之後，上場看照會，也不必吹哨子才敢走夜路。想一想外科醫師的一個診斷，就要決定病人是不是須要開刀，是不是須要緊急手術，風險有多大？會不會一刀斃命而不是一刀救命？那一刻承擔的壓力，有時事後想起，還會不寒而慄。

民國六十七年七月一日，本人正式成為台大醫院外科住院醫師，第一站在舊台大醫院的二東一般外科病房，總住院醫師剛接手他的職位，其他層級的住院醫師亦然，簡單勤前教導（orientation），知道要照顧那幾床病人後，大家彷彿很有默契一般鳥獸散，開始各忙各的。我幾乎是愣在病房，不知道從那裡開始，當兵近兩年，與醫院完全脱節，茫然不知如何執行醫療。就在我慌了手腳的時候，我的第一個貴人出現了，她姓翁，是二東病房一名資深護士，與她熟稔後就以老翁稱呼她。老翁主動陪我一床一床地巡視，這一床是那一位主治醫師的，鼻胃管能不能拔，線能不能拆，身上引流管能不能夾起來，什麼時候才可以拔掉，老翁如數家珍，一五一十地告訴我。雖然病人常有相同的疾病，譬如膽結石，但是主治醫師不一樣，處置的方式也很不一樣，連那一天拆線，都要掌握得很精準，尤其碰到脾氣大、雷公型的老師，走錯一步，查房時必定被罵得狗血淋頭。

老翁的第一堂課，本人聽取一時，卻受用一輩子，道理很簡單，就是要摸清楚每一位師長的習性，弄清楚每一位病人的狀況，並相機行事。勤做筆記，按文索驥，成為我順利通過住院醫師這一人生重要階段的不二法門。後來我當小兒外科總住院醫師時的筆記本，在我離開台大醫院幾年以後，據說還被學弟妹拿來參考，成為他們的護身工具，也可以算是當年老翁義舉的餘蔭。

孔夫子有言：「三人行，必有我師焉，擇其善者而從之。」我醫師生涯的第一個老師，不是醫師，而是與醫師執行醫療不可或缺的護理師！外科新手上路，絕對沒有機會請師長或病人多多包涵，人命關天，毫無商量的餘地，只能自求多福。能碰上像老翁這樣的資深護理師，又願意傳授外科生涯寶貴的第一堂課，本人實在三生有幸。

2-6

牛仔與外科

萬事起頭難，打從外科住院醫師的第一天開始，個人日子過得戰戰兢兢，如臨深淵，如履薄冰。台大醫院外科部主任洪啟仁教授也是新上任，新人新氣象，對我們這一票新上路的住院醫師，關愛有加。工作毫無困擾，只是當年住院醫師升等，有淘汰制度，個人自我要求甚高。第一個月就被總（住院）醫師（CR）指派要做專題報告（seminar），指導老師是陳維昭教授，題目是外科營養。新手才剛上路，臨床工作才剛起步，三餐常不濟，想一想自己營養都顧不了，還要顧外科營養！當時沒有電腦，沒有網路，要查資料，只有乖乖到圖書館，從 Index Medicus 最近一期開始，一期又一期，一年又一年地往回翻閱，並且記錄下來。可以想像這樣的準備，鐵定來不及，狗急跳牆，居然幸運地在書店找到外科營養泰斗 Stanley J. Dudrick 的原文盜版書，買來猛讀，才發現靜脈營養對於現代外科的進展，有多麼重要，很多術前術後有一段時間不能吃的病人，如果沒有靜脈營養，很可能營養不良，發生各種併發症就掛掉！個人雖然被迫囫圇吞棗地念完一本書，幸運地把專題報告應付過去，其實也因此獲益良多。

第一年住院醫師（R1）能夠動刀的機會有限，連開急性闌尾炎，有時還得禮讓實習醫師，因為當年有不成文規定，實習醫師至少要開過一台急性闌尾炎，外科實習才能通過。第一年住院醫師在開刀房多數做拉鉤打雜的工作，晚上特別重要，因為那年頭，下午五點過後的麻醉，由外科醫師自理。通常CR帶第二年住院醫師（R2）開刀，第三年住院醫師（R3）帶R1開刀，沒有輪到開刀的一組，自然地要幫忙麻醉，由於缺乏偵測生命跡象的儀器設備，術中隨時得注意病人的狀況。R1才過不久，就碰到一名壞死性腸炎的新生兒，須要緊急手術處理，病人麻醉後，生命跡象不穩定，體溫一路下降，因缺乏保溫設備，即令七月最熱的時候，也只能開暖氣想辦法讓病人回溫，儘管醫護人員個個汗流浹背，病人還是在體溫過低合併休克中過世。在各項配備齊全，又有專業麻醉師麻醉的今天，同樣疾病的新生兒，結果很可能不一樣。雖然不能保證可以救活，至少因體溫過低合併休克，死在開刀房的機率相對很低。個人因經手麻醉這名新生兒，也著實上了畢生難忘的一堂課。

當年台大醫院外科部，涵蓋骨科，各路人才都有，其中不乏雷公型的老師，要求非常嚴格，稍不順意就發飆。骨科陳漢廷教授的查房，就是其中之一，也是住院醫師最怕的一刻，稍一不慎，病歷會飛出一西（骨科）病房的窗外，讓大家的臉色難看。通常前一晚骨科總醫師會先翻閱所有病人的住院病歷，主要確定病人的X—光片，有被精確地畫在病歷上，病人的資料，也都詳實填寫，就算做不到天衣無縫，也至少滴水難漏。有總醫師在場，所有層級的住院醫師都不敢怠慢，挑燈夜戰，緊張認真的程度，活像歌劇「杜蘭朵公主」中，「公主夜未眠」的那一幕。事後回想，以當年診斷工具那麼有限，善用病人有限的資料，實屬必要。在描繪X—光片的同時，我們也會注意到一些細微的變化，加上嚴師讓人嚴陣以待，大家學得認真，也因此獲益良多。

外科醫師不但有失手的時候，也有束手無策的時候。後者故事的主角之一是一名未婚，在銀行界服務的女士，剛到病房報到，準備住院開刀。年輕美麗打扮得體，一眼望去，根本無法和將要開刀的病人，聯想在一起。她是許書劍教授的病人，初步檢查懷疑胃潰瘍或胃癌，當年許教授是開胃的第一高手，我們正慶幸她找對醫師，可惜的是開下去發現她罹患的是漫延整個胃，像皮革般硬的、極度惡化的胃癌，許教授勉強切掉大部分的胃，再與小腸吻合。術後希望她至少能夠吃，可以出院回家一陣子。可憐這位病人，病情發展神速，即令神醫也難擋。眼睜睜看著如花似玉的小姐，在幾個星期內，變得乾枯臘黃，尤其痛起來哀號的聲音和千刀萬剮的表情，最讓我們不忍卒睹，當年我們住院醫師最怕值班看到她，那無助的眼神，彷彿也看穿我們的無助與無奈！

相對於許教授優雅的手術態度與精緻的技法，有些老師的刀法，就顯得粗獷。在麻醉不發達的年代，連開胃都曾經在局部麻醉下，病人痛苦哀號聲中以及不停燥動下，逼得醫師不得不大刀闊斧，搶時間草草完成手術。有些地方少縫一兩針，就造成漏裂及嚴重併發症，當時某教授在胃與腸吻合口，最易發生漏裂的地方，反覆告誡我們這是：傷心角落（angle of sorrow）！角落一旦不保，發生併發症，傷心的何只是外科醫生！

其實我們那個年代，外科一點都不悲情，反而充滿野性的呼喚！骨科不是只會打石膏接骨頭，也開始用內固定器固定骨折，以及置換人工關節。腦神經外科打開頭顱骨開腦，已經逐漸成為常規手術。心臟外科有體外循環幫忙，可以打開心臟修補破損的瓣膜或矯正先天性異常。一般外科在成功地切肝後，可以執行較複雜手術後，也成功地換腎，繼而鋪下後來換肝、換心、換肺，甚至移植小腸等器官的康壯大道。顯微手術的興起，造就後來整形外科專科的成立。這些在現代已經不稀罕的手術，在當時才剛起步，充滿著挑戰，也充滿著機會。

有一部好萊塢電影，名叫「西部開拓史」（How the west was won）。是一部一九六二年出品史詩般的西部片。描述一八三九年至一八八九年間，一家四代拓荒的故事，從中呈現半個世紀美國西部開發的歷史。此片氣勢雄渾壯闊，有許多大卡司演員參與演出。民國六〇至七〇年代的台灣外科界，特別是執龍頭角色的台大醫院外科部，人才濟濟，各科在不停地探試各種潛能，銳意擴張自己的版圖，呈現西部開拓史的氣勢。而當年的外科醫生充滿雄心壯志，各個都想發揮一方之長，衝破藩籬，企圖頭角崢嶸，也堪稱醫界的牛仔！

2-7

八條好漢在一班

當兵時有一首軍歌，印象非常深刻，名叫「九條好漢在一班」，歌詞內容是：九條好漢在一班，九條好漢在一班，說打就打，說幹就幹，管它流血和流汗，管它流血和流汗！一二三四、命令絕對服從，任務不怕困難，冒險是革命的傳統，刻苦是家常便飯，九條好漢在一班，九條好漢在一班！

當完兵當外科醫師，居然也能體會九條好漢在一班的意義。雖然同一年住院醫師比九人略少一人（八人），也是粗具規模的一班。最能表現好漢在一班的時候在值班。通常當天值班總醫師（CR）會帶所有值班醫師，包括第三年以下住院醫師（R3）到實習醫師，在下午五點集合在一個病房，然後開始查房。一行人浩浩蕩蕩，從一個護理站走到另一個，包括加護病房，甚至於急診室，全部查一遍。這種地毯式的evening round，讓總醫師對整個外科病房狀況，了然於胸，並且能指揮若定，下達該注意的指令，值班當天或當晚發生意外狀況的機會，因此大幅減少，第二天晨會與部主任報告時，也能全盤掌握外科病房動態。

這種師徒制度，精彩的地方，不只病房值班互相幫忙，有事師兄會伸出援手，及時擺平。前述急診手術，CR帶R2開刀，R3帶R1開刀，也視為天經地義的事。順利的時候，師弟的感念，師兄多能感受到；遇到不順利的時候，儘管師兄有時罵得很兇，師弟也多能默默地承受，畢竟發生問題時，老師電下來，無法推託，大夥兒一起承擔。

無論值班處理病房的問題，或開刀房完成急診手術，多能充分表現兄弟間有難同當的一面。但是要稱兄道弟，不能只有武術傳承，否則無法成就水滸傳一百零八條好漢的聚義大業。有時一起大口喝酒，大塊吃肉，不但可以表現兄弟間有福共享的另一面，也更能發揚肝膽相照的豪情。當年值班可以說把和衷共濟，相互援引，發揮得淋漓盡致。總醫師查房完，確定病房都沒事，也沒有急診刀要開，就派幾位醫師留守，其他人就化整為零，到外面聚會。當時呼叫器剛問世，真有事只要傳呼，多來得及回來處理。

無論日據時代或台灣光復以後，台大醫院所在位置，均為台北市的行政中心。在日治時期，原華山車站北面，今中山北路以東，新生北路以西，南京東路以南，市民大道以北，也就是林森北路一帶，為行政官員宿舍，也是當時的高級住宅區。戰後，轉變為日本料理店、酒吧林立的繁華巷弄，也是當時外科醫師最常聚會的地方。

我們當R1那一年（民國六十七年）的五月二十日，蔣經國擔任第六任中華民國總統，銳意改革，繼行政院長任內完成十大建設後，繼續朝政治民主、經濟繁榮、民生均富、國防鞏固以及教育發達努力。國民所得一路攀升，國內一片欣欣向榮，各方面管制也鬆散。廠商有利可圖，與醫界關係達到空前地、水乳交融的地步。開始注意醫療行為的台灣醫院評鑑始於民國七十六年，而規範醫療品質與病人安全的制度，始於民國八十九年，這些都是很多年以後的事。當年廠商就像褓姆，而醫師則是逐水草而聚的遊牧民族，在杯觥交錯，應酬不絕中，小醫師也學到不少課本沒有教的男女人際關係。

相對於當年有點草莽味道，尚未完全建立的醫療規範，現代醫師應付醫院評鑑，應付如緊箍咒般的醫療品質與病人安全制度，應付見獵心喜、窮追不捨的媒體，彷彿在漩渦中打轉，惶惶不可終日。不僅動輒得咎，且稍一不慎，醫糾上身，媒體也隨之盯上，嚴重則官司纏訟經年，實在苦不堪言。嚴格說來，現代醫師相當可憐，師徒制被病人為中心的主治醫師制度取代，再也無復當年總醫師帶領下，住院醫師之間有難同當、有福共享的革命情操，更無法體會九條好漢在一班的真諦。

2-8

切胃手術與血牛

第一年住院醫師挺過去，第二年以後醫務逐漸駕輕就熟，日子也好過多了。第二年住院醫師最引領以求的手術，莫過於次胃全切除術，也就是切除將近四分之三的胃，主要胃部中段及遠端的部分，剩下來近端的胃再與十二指腸或小腸吻合。這項手術是西元一八八一年德國醫師Theodor Billroth針對胃癌病人研發出來的手術，後來被廣泛地應用在治療嚴重胃潰瘍或十二指腸潰瘍，內科療法無效，或有穿孔、出血等併發症發生的病人，目的主要減少胃酸的分泌量，除了救急，也避免潰瘍再犯。據說日據時代開始，這項手術就是一般外科住院醫師通不通過考驗，最重要的手術，也是一種成年禮的象徵。慎重一點的外科住院醫師，開完第一台次胃全切除術後，還得破費大宴師兄弟，對於阮囊本已羞澀的年輕醫師，也是不小的負擔，但是過得了這一關，多數人錢都花得心甘情願。

我的第一台次胃全切除術，剛巧在外科部迎新的當晚，是一名十二指腸潰瘍合併穿孔的病人，來到台大醫院急診處內科就醫，診斷明確後，即通知外科值班醫師開刀。當晚我沒有值班，參加迎新，被通知到急診處看這名病人，準備手術。當年台大醫院外科部有不成文的規定，也是很江湖道義的做法，明示開過第一台次胃全切除術的醫師，值班時若碰到第二台，要主動讓給尚未開張的同期兄弟。我的「成年禮」就是這樣開始。

按照傳統，總醫師要帶我開刀。當晚總醫師是李伯皇，後來當上台大醫院外科部主任及義大醫院執行長，也是國內換肝權威之一。與李醫師相知相熟的人，都知道李醫師做起事來，非常謹慎小心、步步為營，是難得的好老師，我則是當晚幸運的學生。從劃第一刀開始，手術就像早已規劃好一般，按部就班地進行，一個半小時後結束，病人後來也很快地恢復出院。整個過程，沒有迭起的高潮，但是李醫師一時的諄諄教誨，讓我終身受用。往後一年和他及另一位總醫師陳宏基的相處，也獲益良多。

一次手術順利成功，不能概括病人接受同樣手術的風險，事實上，胃切掉四分之三，不但可能有致命的漏裂發生在十二指腸或傷心的角落（angle of sorrow），也有可能發生其他短期或長期的併發症，於是有醫師執行較保守的迷走神經幹切斷（truncal vagotomy）加上幽門成形術（pyloroplasty），或只切靠近幽門的胃竇（antrectomy）。此外，為減少胃酸分泌，又不切胃，也不影響腸管蠕動功能，只針對胃迷走神經給予切斷的手術，亦即所謂的高選擇性迷走神經切斷術（highly selective vagotomy），有一陣子大行其道，討論其成效的文章，如雨後春筍般冒出來。這些風行多年，甚至一時洛陽紙貴的手術，很多都走入歷史，尤其後者，年輕醫師沒看過，大概也少有人聽過，為什麼會這樣？

故事要從二〇〇五年諾貝爾生理及醫學獎，頒給澳洲兩位醫師 Barry James Marshall 以及 Robin Warren 說起。首先，在一九八〇年代，他們意外地發現極度酸性的胃，也可以讓一種不怕酸的細菌——幽門螺旋桿菌（helicobacter pylori）生長，接著他們大膽的假設，這細菌就是造成很多人胃發炎，引起胃潰瘍或十二指腸潰瘍的元兇。在患者身上分離並培養出幽門螺旋桿菌後，還是很多像我這般凡夫俗子的醫師，包括當代許多大師級人物，不敢也不願意相信他們的說法與化驗的結果，於是 Marshall 醫師使出更狠的一招：以身試菌，親自飲下幽門螺旋桿菌的液體，不出三天，胃炎症狀出現，到第八天，內視鏡檢查不但發現嚴重的胃炎，胃液及黏膜也培養出幽門螺旋桿菌，第十四天開始服用抗生素，症狀才好轉。

這故事不僅充滿戲劇張力，他們劃時代的發現，更徹底改變一種疾病的治療，將百年來治療胃潰瘍或十二指腸潰瘍的次胃全切除術，葬送到醫學史蹟裡，供晚生後輩憑弔。胃潰瘍或十二指腸潰瘍，從此變成內科疾病，只有在發生像穿孔這樣嚴重的併發症，才會找外科醫師用比較簡單的手術解決。

當年不得不選擇的另一醫療相關行為，是跟血牛買血。雖然中華民國捐血運動協會，成立於民國六十三年，但是一直到我當住院醫師的年代，國人仍然惜血如命，很少人願意捐血，開刀或急診病人，急需輸血時，最可靠的來源，是跟血牛買血。在台大醫院，什麼時候開始有血牛駐守急診室門口，可能要有人另為文考證，至少從我到醫院當實習醫生開始，就看到有一群人，輪番守在急診室門口。這群阿伯，成員主要是退伍軍人，由於長期賣血，有時一出手就是五百毫升，間隔時間又短，幾乎沒有時間恢復到一般人的血色，一望就知道他們的身份。由於軍人訓練背景，這群人名為血牛，其實多少知所進退，對急診室的幫忙也很大，有時幫助排解醫療糾紛，有時當急診室外科醫師的助手，例如骨折病人打石膏，缺人手時主動幫忙抬腿。值班到半夜，又累又餓時，也不忘分享他們從別的地方買來的宵夜。凡此種種，顯示那個年代，有那麼樣應運而生的行業。直到我住院醫師當完，國人捐血蔚成風氣，血牛這一行，也跟著絕跡，成為稗官野史，巷議空談的另外一章。

2-9

撼動外科專業的一對兄弟

翻開台灣的醫學史，如果要票選單一次手術對外科的影響力，第一名非連體嬰忠仁、忠義的分割莫屬。故事須從民國六十三年說起，那一年，洪文宗教授在台灣舉辦第二屆亞洲小兒外科醫學會，這是國內小兒外科醫師舉辦的第一次國際性會議，也是當年國內醫界極少數國際性會議中的一場，意義非同小可。同一年，在台中中山醫學院的巫堂鑫醫師也開始從事小兒外科的臨床工作。民國六十五年坐骨三肢連體嬰忠仁、忠義誕生於高雄市，因經濟壓力，及照護上的需要，得到台中中山醫學院外科部林榮一主任及蔡滋理院長的慨然同意，免費收容，轉往台中，在巫醫師細心照料下逐日長大。

民國六十八年，忠仁、忠義已經滿三歲，到了非分割不可的時候。衡量當時國內醫療環境，小兒外科醫師人才最多，支援的人力物力最齊全的地方，非台大醫院莫屬。事實上，為了提供忠仁、忠義最好的醫療照護，巫醫師不停地奔波台北與台中，與洪文宗、陳維昭等醫師討論照護的細節，兩位醫師也不時到台中探訪這對兄弟。於當年九月十日進行分割手術前，前置作業已經做得非常完善，包括兩兄弟的石膏模型，供麻醉科及外科團隊演練插管及分割前後各成員的位置。多次氣腹術擴張腹部皮膚，以籌備足夠面積的皮膚，覆蓋分割後兩兄弟的臀部、陰部及大腿上端。這些工作主要落在比較年輕的陳維昭醫師身上。分割手術時，陳醫師是從頭跟到尾，連續站十多個小時的少數醫師，也是忠仁、忠義術後照顧的主要醫師。

分割手術的總指揮，當然是外科部主任洪啟仁教授。由於這是國內第一例，世界第四例坐骨三肢連體嬰，台大醫院組成空前堅強的團隊，二十一位外科師及八位麻醉醫護人員，加上開刀房流動及刷手護士，總計三十六人，分成四組，輪流上場。其中第四組在忠仁、忠義已經分割完後，再分成兩組，進行重建工作。除了三位小兒外科醫師都上場，中山醫學院的巫堂鑾及林榮一也參與其中，此外骨科、泌尿科、一般外科、整形外科等精銳盡出，包括陳漢廷、陳楷模、許德金等等大醫師們，均摒棄成見，攜手合作，共同完成空前的壯舉。結果圓滿完成任務，成為亞洲第一對，世界第二對坐骨連體嬰分割成功的案例。

連體嬰分割成功，在當時轟動全國，蔣經國總統也親自接見參與分割手術的所有團隊成員。在台灣經濟開始起飛，各種先進醫療技術及設備才剛開始起步的年代，能集合這麼多醫師，分工合作，共同完成一項手術，非常不容易。不但扭轉過去外科醫師只習於單打獨鬥的印象，也間接催化團隊醫療的形成，對往後複雜的手術，由多科、多位醫師一起完成，也有相當的啟蒙作用。

這一對兄弟的貢獻，還不止於此。分割手術成功，對小兒外科專業的形成，有相當推波助瀾的效果。在此之前，小兒外科是少人聞問的行業，尤其沒有健保的時代，父母動輒輕言放棄畸形兒，小兒外科醫師不僅要治病，要幫忙籌措醫藥費，還不時要挽起袖子，捐血給需要的病童。在忠仁、忠義分割成功後，小兒外科名滿天下，催生後來專科醫學會的成立。外科住院醫師願意走小兒外科的，也持續不斷增加，其中包括筆者。忠仁、忠義分割的時候，我任第二年住院醫師，須照顧加護病房，因此，雖然無緣參與手術，也有機會參與兩兄弟的術後照護。陳維昭醫師非常細心與用心，幾乎把所有要注意的枝節，都能見微知著，毫不放過，因此我們幫忙照顧，也相對輕鬆。

如今三十六年過去，這對從出生起就在台灣民眾的目光中成長，一度是勵志故事主角的兄弟，漸漸淡出公益圈，被大眾遺忘。但是兩人仍相當努力在生活中打拚，融入社會，感受人情的冷暖。人生絢爛總有一天要歸於平淡，兩兄弟也不例外。唯一激起的漣漪，是一〇三年十一月八日忠義結婚的新聞，對象是長庚醫院的護理人員，這小小新聞也有幸是故事完美的結局。

2-10

兒外生活若清狂

後唐詩人李商隱有一「無題」的名詩，內容是「重幃深下莫愁堂，臥後清宵細細長。神女生涯原是夢，小姑居處本無郎。風波不信菱枝弱，月露誰教桂葉香。直道相思了無益，未妨惆悵是清狂。」自古以來，出賣靈肉，大多不得已，而能將這行業，寫得如此詩情畫意，千百年來，也大概只有李商隱一人。落入煙花巷弄之神女，不能規劃自己的生涯，等於處處受制於人。但是一般人年輕時候規劃的生涯，就能隨心所欲一輩子超脫夢境，不須惆悵清狂嗎？

早年台大醫院外科部，如同其他專科，採金字塔式淘汰制度，第一年住院醫師招足，然後逐年淘汰長官認為不適任的住院醫師，到總住院醫師階段，能留下來的算是少數幸運的人。以當年政府補助公家醫院的預算有限，各科晉升主治醫師容額也須隨時調整，這樣的制度，被視為理所當然。我們這一屆住院醫師進入台大醫院外科部時，大家都有這樣的共識，每個人工作起來，格外認真，無非想博得長官的好感，避免被刷下來。

前兩年過去，很意外地，大家都留下來當第三年住院醫師，這時候必須一起面臨選科的壓力，因為總住院醫師是要分科的。雖然值班的時候，總醫師帶著住院醫師開刀，可以不分科，樣樣都來。白天的時後，還是得歸建各專科，安排病人住院、出院，安排主治醫師手術房間、手術順序以及跟刀的人手，必要時跟查房、迴診。當年總醫師控床，權限極大，除了科主任或大牌教授，一般年輕主治醫師有時還得買總醫師的帳，病人才能順利安排住院、開刀。

但是要躍上龍門當總醫師，必須通過資深主治醫師票選這一關，每個人都不免挖空心思去鑽營。首先就要確立目標，準備選那一個專科。當年走外科的人，都有心儀的 role model，也就是該領域的標竿人物，以個人而言，對許書劍、洪啟仁、陳秋江、魏達成等，手藝好、脾氣好又肯教導，兼具帥氣的醫師，自是一心想師事的對象。一般外科還是最熱門的科，但是兩位同期當住院醫師的學弟，毫不掩飾他們的目標，行動也比較積極。生性像牆頭草般搖擺不定的筆者，又發揮退一步海闊天空的阿 Q 式的想法，若爭不過他們，選擇較冷門的小兒外科也無妨。

其實這是有相當風險的決定。首先，我為選科徬徨的時候，找上陳秋江教授請教，他一開始就直言小兒外科是相當辛苦又賺不了多少錢的專科，除非有相當的興趣和勇氣，樂與小朋友為伍，能不因病童吵吵鬧鬧而失去耐心，也能為沒有錢的家長籌措醫藥費。一般醫師若聽到這裡，八成會打退堂鼓。我大概有兩個可愛的女兒，撐起對小兒外科的興趣，老婆也是醫生，橫豎不愁沒飯吃。事實上，也是佩文的支持，我才敢盤算投入這麼一行。

第二個風險是小兒外科是唯一橫跨小兒科與外科兩個專業的專科，意思是從事這一行，外科的技術要比同儕好，因為手術的對象從剛出生到十五歲（後改成十八歲）都有，手不夠巧肯定做不好。更困難的是術前、術後的照顧，遠比其他外科病人複雜好幾倍，尤其新生兒，其生理反應及身體運作，與大人甚至於大孩子迥然不同，加上手術創造的問題，使照顧起來格外困難，連小兒科醫師都不太願意插手。常常問題來了，小兒外科醫師必須立即見招拆招，有時還須先鞭一著，才能逢凶化吉。

另外一個更大的風險是，直到我當第三年住院醫師之前，台大醫院外科部從來沒有小兒外科總醫師的編制。資深一點的小兒外科醫師，都是先走一般外科，到國外留學後，轉行過來。資淺一點的學長，則是以其他醫院代訓名義，在台大醫院外科部，當小兒外科總醫師。有意思的是人生漫長的路途，不免遇上一些機緣巧合。在忠仁、忠義分割成功後，小兒外科醫師的專長，已經被大眾及醫院長官肯定，加上台灣經濟起飛，政府預算也比較寬鬆，可能因此有利於將小兒外科總住院醫師，納入編制。何況那些年，台灣每年出生人口仍在四十萬以上，有利於小兒外科專科的發展，因此在第三年住院醫師的下半年，我被告知有小兒外科總住院醫師的缺，在沒有其他住院醫師競爭下，本人成了台大醫院外科部成立以來，第一位正式編制內的小兒外科總住院醫師！

從民國七十年春天開始，筆者雖然還是R3，已實際上投入大部分時間在小兒外科，當年七月以後，以總住院醫師全心全意投入這一專科，直到執筆寫這一段故事，有三十四年光陰耗在這一行，如今回想起來，還弄不清楚這真實的小兒外科經歷，究竟有多少是充滿惆悵略帶清狂的醫學意境？

2-11

章魚哥

章魚有八隻腳，好的一面是它可以隨心所欲，走往任何方向，壞的一面是這八隻腳必須協調好，否則亂了方寸，那個方向都去不成。從事小兒外科的第一天開始，感覺自己就像有八隻腳的章魚，開刀的時候是外科醫師，照顧病人的時候像小兒科醫師，給病人打針的時候像在執行現代護理師的業務，給病人調配靜脈營養液時像藥師，使用呼吸器時像兒童胸腔科醫師兼呼吸治療師，為沒有錢的家長籌措醫藥費時，像社工師，有時挽起袖子，捐血給小病兒，則是沒有酬勞的血牛。

在沒有健保的時代，父母動輒輕言放棄畸形兒是常態，小兒外科醫師不但要治病，也要幫忙籌措醫藥費。小小病兒若須要輸血，跟血牛買血不划算，常常是醫護人員自己挽起袖子，捐血給血型相符的兒童。因疾病或手術無法進食的病人，特別是新生兒，只要幾天沒有適當的營養補充，疾病就可能惡化，傷口也可能癒合不良而裂開，這時候適當地給予靜脈營養液，效果一如救命仙丹。仙丹靠仙人調製，適合個別體質的靜脈營養液，則須仰賴小兒外科醫師依個案精算，且隨時視病人狀況調整。熱量、蛋白質、維他命，礦物質固然不可或缺，稀有元素也不能忽略。筆者就碰到過因缺乏鋅，而造成口腔及肢端指間糜爛的病人，外觀甚為嚇人，補充鋅後幾天就好轉。

對一名外科醫師而言，給病人使用呼吸器，是最困難的一環，何況病人常常是新生兒。那個年代，很幸運的是有呼吸器問世，可以幫忙有須要的病人，渡過呼吸衰竭的危險期。很不幸的是當時引進的呼吸器非常陽春，由 Forrest Bird 先生發明，也稱之鳥（Bird）的呼吸器，使用起來很方便，很可惜不像鳥一般機靈。呼吸器由壓力驅動，無法預先設定進氣的容量，更無專為新生兒設計的安全裝置。使用時須密切觀察新生兒胸腔的起伏，估算進氣量，聽聽病人的肺部，確定呼吸聲音正常，沒有突然一側或兩側聲音變小，或聽見氣管而非肺的呼吸聲，意即沒有氣胸或氣管內管滑脫的致命性併發症發生。必要時抽血，驗氧氣飽和度及二氧化碳滯留量，或照一張胸部X—光片，確定氣管內管位置正常，沒有滑脫或管子太深、太淺的問題，也確認有沒有氣胸、肺擴張不全或肺炎的跡象。可以說，只要兒童用上呼吸器，小兒外科總醫師就要有危機四伏的心理準備，有時因此夜不成眠。

如前一章所述，當年總醫師控床，安排病人住院、出院，安排主治醫師手術房間、手術順序以及跟刀的人手，權限極大，說起來也很神氣。這裡面唯一的例外，就屬小兒外科總醫師。當時主治醫師有洪文宗、陳秋江、陳維昭三位，安排病人住院、主治醫師手術房間、手術順序以及跟刀的人手，須要花一點心思和一點技巧，避免得罪任何一人。這還不是大問題，更困擾的是，給年輕父母負擔不起而放棄的畸形兒做好手術後找歸宿，也就是找領養的人或機構，在撮合成功之前，得繼續拜託醫院運用社服基金或向大眾募款，維繫小生命的每一天。

古人說「伴君如伴虎」，意思是皇帝天威難測，跟在身邊，隨時要有性命不保的準備。接受手術的新生兒，若順利復原，是大家的福氣。很多時候，疾病本身就很致命，若盡了力病人病況一路壞下去，無法挽回，大伙兒也無話可說。最怕的是，手術完後，初期復原順利，突然有一天變壞，速度快到讓照顧團隊措手不及。有時前一刻看起來還好好的，下一刻就停止呼吸，稍為慢一步，搶救來不及，病人很可能這樣就走了。面對這種不時發生的狀況，小兒外科醫師最能體會古人說：伴君如伴虎的意思，只是這隻老虎是比皇帝還難測的新生兒。當然醫師不必因搶救不及被砍頭，只是難免難過一陣子。

二〇一〇年世界杯足球賽，有一隻章魚保羅，在德國隊所有參與的賽事，均能成功預測勝出的隊伍，因此一時聲名大噪，被封為「章魚哥」、「保羅哥」、甚至「德國神算子」。雖然小兒外科這行業像章魚一樣，伸出很多觸腳，涉足很多領域，當年做總醫師時，書也念的不少，床邊觀察也夠仔細，但是沒有學到神算，功力就差「章魚哥」一截，無法準確推算病人的病況，因此一路走來確實辛苦。

2-12

火柴盒的故事

火柴盒是舊時生火必需品，隨時都得用它，當年台灣販售的火柴盒幾乎是同一規格，印象中大約五點五公分長、三點五公分寬、一公分高，一般人講火柴盒大小，若相對於飯盒，是表示很小、很迷你的意思。學生時代就曾聽說過火柴盒的故事，主角是陳秋江教授。陳教授年輕時候英俊瀟灑，也是醫師群中少數的舞林高手，但是對醫學生而言，陳教授精湛的手術藝術，才是最令人心儀的原因。也因此傳出他能在火柴盒大小的空間，綁線、縫線，完成手術。試想當年還沒有微創手術的工具，能在火柴盒大小的空間執行傳統手術，已經是微創的先驅。

多年以後，有人向他求證，陳教授出面否認。但是小兒外科醫師執行很多手術，尤其是腹股溝疝氣修復術，則無論是陳秋江或陳維昭教授，或者晚生後輩，傷口都遠小於火柴盒長度或寬度，所以火柴盒的故事，不是空穴來風，多少反映小兒外科醫師具體而微的行業特性。陳教授提到他到紐約哥倫比亞大學附設婦幼醫院進修的故事，剛開始時都看台灣比較少見且困難的病例，碰到像腹股溝疝氣修復術這樣的小手術，根本不屑一顧，主要他們開刀時間比陳教授長，技術似乎有待琢磨。直到有一天閒來沒事，看了一下他們開疝氣，越看越有趣，才發現人家即使開疝氣這種小手術，也是按照解剖學的構造，一步一步地，按照肌理結構，層次分明地進行，不躁進，不偷吃步。從此以後，對老外中規中舉、按部就班的手術行為，自是刮目相看。

我們這一批有幸跟隨他開刀的晚生後輩，也因為陳教授的領悟，傾囊相授，隨時叮嚀我們注意解剖層次（anatomical plan），因此多能及早開竅，在小兒外科相當廣闊吃重的領域裡，就算無法做到陳教授一般優雅，也至少不辱師名。在第三年住院醫師的下半年，有一膽道囊腫的病人接受手術，他示意我站在主刀的位置，我以為他只是要我劃一下刀過癮，因為這種病人要切膽囊，切膽道，拿一節空腸當膽道接回去，整個過程相當繁瑣冗長，尤其膽道與胰臟接壤處的分離，須要分開及結紮許許多多細小血管，避免流血過多。這種手術通常總醫師才有機會做，陳教授毫不猶豫地帶我一路開下去，過程中每一步都說清楚要怎麼做，整個過程諄諄教誨，有一點囉嗦，卻讓我終身受用。病人後來也很快地恢復出院。

在小兒外科當總醫師，要同時師事洪文宗、陳秋江、陳維昭三位主治醫師，好的一面，是同時可以學到三人的長處，壞的一面，是要做到面面俱到，非常不容易。後者也是我做完小兒外科總醫師後，離開台大醫院的原因之一。

洪文宗教授是最早投身小兒外科領域的主治醫師，早年到德國留學，攻讀體外循環，原打算做心臟外科，卻陰錯陽差被指派開創小兒外科這領域，他常說：「I train myself」，在前無古人下，這也反映事實。還好年輕時候，留學日本讀中學與大學的經驗，讓他可以和日本同輩的小兒外科醫師，如順天堂大學的駿河敬次郎 Keijiro Suruga 教授切磋觀摩，也因此開創多項台灣第一例的手術，並開始長達三十年台灣小兒外科醫師與日本小兒外科醫師的密切交流。上洪文宗教授的刀，難免聽他叨唸：member weak! 特別在碰到像高位型肛門閉鎖（俗稱無肛症）的病例，從臀部中線進去，或從腹腔都不容易看到閉鎖直腸盲端位置，有時看他將病人翻來覆去像煎魚一樣，站在旁邊，不免出點主意解圍，有時他也會接受。

洪教授最可取之處，在對病人及家屬的態度，像極了隔壁鄰居親切的阿伯，最讓我感動的是在冬天下雨，台北非常寒冷的一個深夜，從外地轉來一名先天性異常的病例，我在急診室看完，安排住院手術之前，照例應該和當晚值班主治醫師報告，我行禮如儀地完成。在一般情況下，總醫師有把握完成的急診手術，主治醫師不必到場，何況當晚是又濕又冷的冬夜。我正在準備手術中間，洪教授趕到，看了病人，和家屬詳述病情和處置方式後才離開，對於非親非故的長者的溫馨舉動，看在病人年輕父親的眼裡，那一刻應該非常感動。

我當總醫師那一年（一九八一年至一九八二年），陳維昭剛巧到美國辛辛那提大學，當外科研究副教授，也因此錯過和他學習共事的機會。陳維昭教授早年到日本東北大學，師事以葛西氏手術治療膽道閉鎖聞名於世的Morio Kasai教授，除了研習小兒外科，對靜脈營養也有深入涉獵。從參與連體嬰照顧、分割成功，得到一九八〇年行政院傑出科技榮譽獎開始，陳維昭教授逐步學而優則仕，後來當上台大醫學院院長及台大校長，是小兒外科醫師群中另一異數。

當年火柴盒的故事，雖然是一時的穿鑿附會，但是發生在台大醫院小兒外科的故事，事後回想，遠比小小的火柴盒精彩。

2-13

浮光掠影

台大醫院小兒外科之設立可溯自一九六三年，當時在一般外科設置六至九床供小兒外科病患使用，至一九七三年開始有小兒外科專屬病房，位在舊館十西。我當小兒外科總醫師時，十西病房幾乎成了我的第二個家，實際上待在那裡的時間，遠超過自己的住家。因為病房設置有觀察室，開過刀的小朋友，即使是新生兒，只要自己照顧得來，就不勞小兒科醫師。

身為總醫師，幾乎凡事事必躬親，當然包括打針。有一個星期天，一名新生兒須要打針補充液體，當天自己實在太忙，交由值班第二年住院醫師去執行，從早上八點開始嘗試，中間斷斷續續處理其他事情，然後再回來打，前前後後花八小時才完成！這個案也許是特例，但是也足以說明當年醫師負責打針，佔用相當多的時間，我因經手案例多，打針技術也還不差，其他工作也游刃有餘。

當年最大憾事，應該是太少時間陪自己的家人，尤其將晉入三歲，凡事好奇的大女兒，當年我和佩文一下班回家，就纏住我們說話，要我們講故事，想輕鬆一下，或準備報告、寫論文，似乎困難重重。當時居然想出一招，說我們要睡覺，就熄燈並且把門關上，十分鐘後才亮燈，並且輕聲說話，免被女兒識破。沒想到女兒棋高一著，偷偷躲在門外，我們說話再小聲，也被她逮個正著，怪我們騙她睡覺，我們彷彿小偷碰到警察一般，只好央求她原諒，放了我們不能陪她說故事的苦衷。有這樣的前科，莫怪直到女兒長大結婚，凡事第一個知道她消息的，一定是照顧她有功勞的祖母，我們難得深入談心，實在要怪當年我們自己種的因！

第三年住院醫師的後半年，確定要走小兒外科並代總醫師後，三天兩頭往醫院跑，不管值班不值班，白天或者晚上都一樣。當時落戶在松山機場附近的民生社區，方便在長庚醫院工作的佩文，但是離開台大醫院相當遠，沒有閒情逸致等公車坐，夜裡有時還不容易叫到計程車，於是決定買一部車代步。當時流行的國產車福特跑天下，新車要四十萬，遠非一般上班族所能負擔，於是看報紙廣告，到一家賣二手車的車行，聽信老闆三寸不爛之舌的推薦，花二十萬買了一部淺黃色黑頂的福特跑天下開回家。從萬華經忠孝東路到民生東路，中途熄火三次再發動，走走停停，剛開始還以為自己技術太爛，不熟悉手排檔操作，一路上還和跟在後面的車駕駛道歉。好不容易回到家，還是問題重重，進出車廠好幾次，花了大把鈔票總算搞定。

繁忙緊張的日子過得特別快，轉眼四年，在台大醫院外科當住院醫師的日子接近尾聲，又是「驚選」時刻。這回非同小可，因為從民國五十八年進入台大開始，中間除了服兵役，其他時間都在吸台大的奶水長大，此刻面臨斷奶，惶恐之情油然而生。回首來時路，竟然如此蒼茫，四年過去，沒有留下任何一張與師長同仁的合照，只有望年會時幾張嬉鬧的照片。原來那個年代，甚至後來在長庚醫院也不例外，主任與部屬，沒有每年固定時間照一次相的習慣。四年的訓練，一如浮光掠影，只存在日益式微淺薄的記憶中。

2-14

告別象牙塔

現代醫學中心的任務之一，包含醫援國際。其實這項任務，早在一九六四年一月一日在醫療服務隊隊長，後來大名鼎鼎的臺灣愛滋病之父莊哲彥帶領下，由台大醫院十一位醫生、護士組成的臺灣醫療援外第一支尖兵——利比亞醫療服務隊率先完成。當初他們連利比亞國情都還搞不清楚的情況下，勇敢地搭機飛往遙遠的國度，接管了利比亞的密蘇拉達醫院，展開沙漠行醫的傳奇歲月，長達數年。

繼而在一九七七年，我國與沙烏地阿拉伯簽訂「中沙醫療合作備忘錄」，台大醫院於一九七九年十一月二日選派第一批醫療人員約三百人赴沙國，協助霍埠醫院於一九七九年二月一日開啟使用，另一間吉達醫院也於一九八〇年九月十三日正式啟用。一九八一年，外科主任洪啟仁教授，率領手術小組前往吉達醫院施行開心手術，兩星期內完成十餘例，成功率達百分之百，使吉達醫院成為該市第一家提供開心手術醫療服務之醫院。早我們一、兩屆的侯勝茂及黃世傑醫師，也於一九八一年六月在吉達醫院，施行手術治療沙國醫師們束手無策之脊椎結核下身癱瘓病人，還獲得病人登報鳴謝，從此台大醫院援沙計劃成為常態，也展開了連續十二年支援沙烏地阿拉伯的國際醫療。

在那時空背景下，台大醫院無論那一科的住院醫師，完成訓練後，除非該科立即有缺，否則支援沙烏地阿拉伯成為未來晉升的必要選項。此外，台大醫學院臨床醫學研究所自一九七八學年度開始招博士班研究生，所長為宋瑞樓教授，主修內科、外科、眼科及婦產科。意即這幾科年輕醫師要晉升，就讀臨床醫學研究所顯然成為必要條件。

總醫師才做半年，就要為未來出路傷腦筋。當年佩文在台大醫院內科部做到第三年住院醫師，自忖晉升總醫師困難，毅然跳槽新成立的長庚醫院，跟隨黃妙珠醫師學新陳代謝、內分泌及核子醫學。我們實在要好好感謝王永慶董事長創辦長庚醫院，我們家第一個受益人是我老婆，第二個是我自己。當年若無法留在台大醫院，又沒有長庚醫院，我們兩人不是在中小醫院服務，就只能開業，後兩者均非我們行醫的首選。

我與長庚醫院的淵源，可以溯自我當兵的時候，每回到台北找佩文，週末晚上就窩在同學或室友在台北長庚醫院十二樓的宿舍兼值班室，當時醫師不多，隨時都有空的床舖可以借宿。當然，當年的管理也許沒有那麼嚴密，讓我這個外來客有機可乘。單單睡在那裡，無論如何也睡不出更深的淵源來。住院醫師訓練完成後的出路，才是開啟往後在長庚醫院服務的契機。在關鍵時刻，再找上陳秋江教授請教，他分析留在台大醫院晉升，要過三關，最容易的是考台大醫學院臨床醫學研究所，修博士學位；其次是支援沙烏地阿拉伯，以當時狀況看來，可能性不大，因為老婆才剛在長庚醫院站穩腳步，升上主治醫師，老二才出生不久，要援沙只得自己去，家裡沒有一張贊成票；最後，就算過得了前兩關，也難過第三關，除了要有缺，也要懂得做人，老師投票時，沒有太多反對意見才有機會。以我不甚圓融個性，老婆早就不看好，陳教授也頗有同感。

這時的選擇已經呼之欲出，也再拜託陳教授與台北長庚醫院小兒外科主任林哲男醫師說項，當然，老婆與黃妙珠醫師也出面關說，很快獲得林哲男主任同意，按照美國標準再打一點折扣，先當一年研究員（fellow）。出路有著落，理當欣喜萬分，卻被莫名的離愁所籠罩。多年以後，老婆還能記得我當年如喪家之犬的模樣。畢竟習於象牙塔內的作息長達十三年，一旦要離開台大醫院，實在無法不離情依依。

2-15

醫療可以如此不一樣

離開台大醫院，才驚覺同樣的醫療，可以如此不一樣地執行。首先林哲男主任成立應該是台灣第一個全靜脈營養小組，手術前後須要靜脈營養支持的病患，不論新生兒或成人，都有專人照顧。其次，像腹股溝疝氣修復術這樣的小手術，能不住院就不住院，在手術完麻醉清醒之後回家，方便上班族的父母，也減少較大小朋友住在陌生環境的焦慮。更棒的是，麻醉科醫師日以繼夜的服務，讓小兒外科醫師可以隨心所欲地安排手術，而無麻醉後顧之憂。其他像小兒科醫師的積極介入照護，血庫及輸血制度的建立，各方面服務均很快到位，往消極一面看，先前多元化的武功很快偏廢；往積極一面看，一個月前還在三頭六臂地忙翻天的總醫師，變成可以專注於小兒外科本業的研究員。

到台北長庚醫院服務，才逐漸體驗論服務計酬（fee for service）的影響力。台大醫院的主治醫師，基本上按教職及公務員級職敘薪，雖然我離開台大醫院之前，已經有不開業獎金，據說金額有限。吃大鍋飯的環境，比較沒有利益的衝突，相對地，也比較不夠積極去爭取病人，講白一點，也比較不會錙銖必較，當然比較沒有成本的概念。當我第一次聽說某小兒風濕過敏科醫師，與經營管理人員為廁所衛生紙的用量在爭吵時，簡直傻眼。這帶一點荒誕的傳聞，因這位醫師離開長庚醫院，很快地像過眼煙雲般被淡忘，事後回想這位老兄實在是反應過度的特例。但是仍然有科間交征利的案例。我一位在耳鼻喉科服務的同學，因積極為頭頸癌的病人做頭臉部的重建，踩到整形外科的紅線，惹得某大老非常不爽，兩科因此交惡一陣子，直到我那位同學不幸過世，在形勢比人強的情況下，兩科對立情況才逐漸緩和下來。

在沒有全民健保的年代，小孩子看病基本上多自費，各家醫院都有一套參考公、勞保的計價收費標準。印象中，在台北長庚醫院接受腹股溝疝氣修復術大約要六十點，比較大的手術，像為無肛症患者執行肛門成形術，大約要一百至一百三十點，以一點一百元計，大概可以算出家長的花費。實際上，點數只有上限，沒有下限，意思是主治醫師不能隨便寫比訂定的點數還高，但可以視情況往下調。

很多先天異常小朋友的父母，沒什麼經濟基礎，若按一般標準收費，很可能繳不起，就乾脆放棄不治療。林主任常會視情況將點數往下調，有時意思意思只寫幾點，至少和醫院有個交代。那個年代，台北長庚醫院小小手術室，擠滿各科醫師。書記的桌上，經常堆著等待批價的手術記錄單。有時難免瞄到其他科醫師寫的點數，讓我感到意外的是，某科大老給頭臉部異常小朋友動手術，不論是第一次，或者因前一次併發症進行的第二次、第三次手術，點數都是依照訂定的填滿，絲毫沒有折扣。碰到經濟有困難的父母，乾脆教他們跟醫院或者跟後來成立的基金會申請補助，不必跟自己的口袋過不去。

小小的醫療團體，竟然和萬花筒一樣，可以玩出非常不一樣的醫療作風，並且讓人見識人性的千奇百怪，也算是另外一種浮世繪的呈現。

2-16

藏得住的秘密，藏不住的悲情

各種先天性疾病或異常的治療，所需醫療費用動輒上萬元，對於一般收入的家庭是一筆沉重的負擔，付不起龐大醫藥費的父母，有時不得不放棄醫治小生命。有鑒於此，任職於台大醫院小兒心臟科醫師呂鴻基與友人在民國六十年六月成立「中華民國心臟病兒童基金會」，是台灣第一個醫療基金會，由台大醫學院院長魏火曜擔任基金會董事長，對先天性心臟病兒童及家庭，做出重要貢獻。

相同問題也發生在兒童罹患癌症的家庭上，因此多位台大小兒科醫護人員，合力在民國七十一年九月創立了「財團法人中華民國兒童癌症基金會」，也由魏火曜教授擔任首任董事長，隨後由林國信教授接任，直到一〇二年二月林教授仙逝止，該基金會對台灣兒童癌症的治療，做了不可磨滅的貢獻。

有前例可援下，針對某特定族群的基金會，如財團法人台灣早產兒基金會，羅慧夫顱顏基金會，財團法人兒童肝膽疾病防治基金會等，相繼成立，對該特定疾病的兒童及家人，提供相當有效的金錢或精神上的幫助。綜觀上述基金會所以站得住腳，其幫助之兒童疾病或異常，均屬外觀或疾病本身顯而易見，容易博取眾人惻隱之心，慷慨解囊的對象。病人或家人不吝於站出來，為自己權益、為基金會發聲，因此公開活動多不勝數，基金會也多不乏善款。

相對於上述族群，小兒外科醫師治療的疾病，除了少數發生在頭頸部，顯而易見，多數在胸腹腔及陰部的地方，特別是比較常見的直肛異常，如無肛症或先天性巨結腸症，或者更常見的泌尿生殖器異常，如尿道下裂，都藏在尿布裡或褲子裡面。剛生下來的時候，父母很難接受有這樣的孩子，和親朋好友也羞於啟齒，更遑論與外人談論。

治療這樣的先天性異常，醫療費用是個大問題，卻不是唯一的問題。無論直肛異常，或者泌尿生殖器異常，要矯正到正常人一般，除了靠醫師的手藝，也要看病人的局部構造。可以想像，結果不甚滿意或不如預期的比例相當高，身為小兒外科醫師，除了提供醫療上的援助，也儘量提供經濟、精神甚至於生活上的支持。但是這種幫忙，無法做到全方位，有些父母須要有其他人，最好同病相憐的父母，一起交換照顧有同樣問題的小朋友的心得。這個時候，基金會或者病友會，應該是最好的支援團體。

先從比較簡單的病友會談起，筆者曾經舉辦膽道閉鎖病友會，參加的兒童及家長，都相當踴躍，連續辦好幾次，欲罷不能，直到後來台灣出生人口銳減，膽道閉鎖病人也變稀少為止。相反地，比膽道閉鎖多很多的肛門閉鎖或稱無肛症患者，術後常常有很多的問題，我也嘗試辦病友會，讓家長可以交換照顧心得。第一次只來寥寥無幾的兒童及家長，大家似乎對於這種直肛異常仍難以啟齒，不願讓自己小孩曝光，病友會只辦了一次，就無以為繼。

簡單的病友會都辦不了，比較須要更多人支持的基金會更不用說。原來兒童的疾病，尤其各種先天性異常，也有隱性與顯性的分別。屬於顯性的異常，比較能或者比較敢站出來，博取大眾的同情與支持。屬於隱性的直肛或者泌尿生殖器異常，家長就當作不可告人的秘密把它隱藏起來，成為長年無處與他人分憂的悲情。

2-17

迪士尼樂園與國際醫學會

太平洋小兒外科醫學會，簡稱PAPS，是美國與日本小兒外科醫生，為促進環太平洋國家，尤其比較進步的美國、澳洲、日本、加拿大等國家小兒外科醫學的交流與發展，由美國小兒外科醫生率先發起，於一九六八年在美國西雅圖舉辦第一屆大會，之後每年輪流在環太平洋國家舉辦年會。大會發表的優秀論文，經過篩選後，會收錄在小兒外科最具代表性的雜誌《Journal of Pediatric Surgery》某一月份的專集上。日本在一九七二年及一九七八年分別在東京及大阪辦過兩屆PAPS，雖然日本離開台灣很近，惟因台灣小兒外科起步較晚，前兩次參加的人寥寥無幾，印象中只有洪文宗教授於一九七二年成為會員後，年年積極參與。

一九八三年五月十六日至二十日在日本九

州福岡市舉辦的年會，應該是台灣破天荒的一次，有超過十名以上小兒外科醫生及眷屬參加。這種規模參加國外醫學會，在當年算盛大，尤其對小而專精的小兒外科，更是空前。毫無疑問地，一九七九年九月十日忠仁、忠義的分割成功，不僅有助於國人對小兒外科專業的肯定，願意讓患有先天性異常的兒童，接受治療的比率增加，也對於從事小兒外科這一相對冷門專科的醫師，注入一針強心劑，因為病例多了，技術精進了，治療效果自然變好，與國外醫師評比，毫不遜色。因此有信心拿出成果，到國際醫學會議上發表。

筆者非常幸運，到台北長庚醫院當小兒外科林哲男主任的研究員才半年，居然獲准投稿一九八三年PAPS年會，以當年最夯的題目膽道囊腫以胰臟炎的症狀表現，被大會接受發表。當時興奮之情，不言可喻。第一次出國，不能不慎重其事。林哲男主任當然也有論文接受發表，為避免兩人同時不在醫院的時間太長，在確定林主任大會之後有東京、日本東北大學及美國行後，我選擇大會之前，與太太及大女兒先來一個星期的參團旅遊，再到福岡開會。旅遊地點自然是最負盛名的京都、名古屋、富士山、東京一條線上的景點。其時，當年旅遊的終極目標，是剛於四月十五日在東京開幕的迪士尼樂園。

大女兒滿四歲，打從她出生開始，我與內人因醫院工作繁忙，從來沒有好好地陪她玩，陪她唱歌、陪她看圖畫書、識字。當時二女兒才滿兩歲，不適宜帶出國，也麻煩我母親照顧。因此，五月初一家三口的日本之旅，除了讓平日忙得不可開交的夫妻倆，偷得浮生七日閒，讓身心有輕鬆舒緩的機會，更重要的是，可以陪大女兒度假，補償平日對她的虧欠。何況久聞日本勝景及迪士尼樂園的盛名，終於可以一親芳澤，豈不思之令人雀躍。

五月初日本的氣候，真是涼爽宜人，打從下飛機起，看到的景色，更迥異於生活多年的台北，美不勝收。原以為大女兒也和我們一樣，被眼前美景所吸引，卻只見她一路悶悶不樂。奈良東大寺的鹿，兜得她稍微展露一點歡顏，富士山風景區山中湖的天鵝造型遊艇，也讓她勉強擠出一絲笑容。其他時間，儘是一臉愁容。原來她鎮日念念不忘全天候陪她、照顧她、黏著她的阿媽。初為人父母的我們兩位醫師，居然都沒有事前意識到這點，讓遊興大減，早知如此，應該讓阿媽一起來，問題就解決了。

幸好旅遊的終點是迪士尼樂園，也虧華德迪士尼先生的遠見，創造出白雪公主、米老鼠、唐老鴨等逗趣卡通人物之餘，還建立眾人夢想中的樂園。和其他同齡兒童一樣，大女兒也從小接觸迪士尼創造的卡通人物，能身歷其境迪士尼規劃的樂園，歡欣鼓舞之情，自然溢於言表。我們買了一隻米老鼠布偶，讓她愛不釋手。幾天累積的陰霾，雖然無法一掃而空，也總算讓我們夫妻倆可以鬆一口氣。

太太及大女兒日本之旅，在迪士尼先生營造的歡樂氣氛中結束，隨團打道回府。我則獨自從東京搭機飛到福岡，加入台灣來的小兒外科醫生團隊，參加第十六屆太平洋小兒外科醫學會的年會。開幕式，大會會長 Keiichi Ikeda 教授邀請日本明仁皇太子及夫人親臨主持，令所有與會者倍感殊榮。台灣醫師多，會場中的聲勢也令過去只見美國、澳洲、日本、加拿大等國家小兒外科醫師側目，報告內容雖無法追上上述國家水平，也相去不遠。人多就會起鬨，記得有一晚大伙兒飯後一同逛街，走到河對岸的風化區，對日本在情色工作的管理與開放，大伙兒不免贊歎，但若要下海一試，眾人則趑趄不前。只好推一名未婚的醫師應景，也算順水人情，解決他生理需求，眾人則識相地回旅館去，當然也沒有再追究下文。

PAPS 年會舉辦單位都會在會議中間，挑選一風景名勝舉辦一日旅遊，Ikeda

教授安排阿蘇火山之旅，可以就近觀看火山口，令人印象非常深刻，當然途中風景美不勝收，最後一晚的再會晚宴，也相當用心，真正做到賓主盡歡，也為第十六屆太平洋小兒外科醫學會年會，畫下完美句點。對初次參加國際會議的筆者，毋寧是一個甜頭，之後在欲罷不能下，屢屢參加 **PAPS** 年會。當然，不是每一個樂園，都像迪士尼先生規劃地那麼深得人心，也不是每一個國際會議都像 **PAPS** 年會一樣專業又不失樂趣。能兩者兼顧，也只有一九八三年那一次，真是往事只能回味！

2-18 長袍加身

從日本開會回來後，再度面臨人生另一轉折點，一年研究員生涯就要到期，不是晉升主治醫師，就要另謀出路。林哲男主任對我厚愛有加，雖然有傳言可能無法晉升，最後仍攻破傳言順利於七月一日升任主治醫師，短的白袍，將換成長的。沒有事前準備工作，好像船到橋頭自然直。說短論長前，先從白袍談起。

醫師的白袍，與實驗室工作者的白袍，原義是一樣的，都是設計用來杜絕髒東西污染到醫師或實驗室工作者原穿著的衣服，甚至於自己的身體。無論東方或西方，從上古時代到中古世紀，醫師的地位都不高，與屠夫或理髮師相去不遠，主要是能執行的醫術有限，也沒有無菌的概念，接受醫療者死亡率高，一般人就醫視為畏途，醫師地位高不起來，穿不穿白袍，差不了多少。

這情形到文藝復興以後，有了巨大的轉變。有巴斯德、李斯特等學者，對細菌及無菌概念的建立，及後來抗生素的發明，人體解剖構造及麻醉術的發展，醫師不再醫一個死一個，病人活命機率大增，醫師地位水漲船高，連穿在身上的白袍，也狐假虎威一般，變得神聖，以至於後來演變成所有醫學生，接觸病人前，都有白袍儀式，讓師長將白袍加於身上。

至於白袍的長短，與醫師資格的演變，史蹟難以明查。一般說來，無論東方或西方，短袍是實習醫學生到住院醫師的專用外套，升格當主治醫師，就要換成長袍。在白袍儀式上，師長套在或披在醫學生身上的，自然是短的白袍。至於住院醫師升格當主治醫師，換成長袍，至今還沒有一家醫院有「長袍加身」的儀式。幾乎都是住院醫師自己，或者偶而該科秘書幫忙下，領了長袍，在神不知鬼不覺下，或偷偷摸摸中，將短袍蛻下，換成長袍，其間還帶著成長蛻變的羞澀。

雖然我當主治醫師至今，已經超過三十三年，長袍披上身的那一刻，那一種身份轉變所帶來很不自在的感覺，仍然無法忘懷。尤其前一天還服務老師的病人，事事唯老師馬首是瞻，後一天就自立更生。雖然說不上平起平坐，但是自己當家做主，好的一面，是不必受制於人，不好的一面，是病人好壞一肩擔。雖然和老師請教的門是開的，但是總不好意思開口，怕見笑，怕別人以為所學不足以勝任主治醫師。總之，在誠惶誠恐中，度過擔任主治醫師最早的一段日子。

小兒科照會還不怕，畢竟值班輪到那位主治醫師，那位主治醫師就要上場應付家長。一般說來，小兒科照會的病人，重症比例高，救命第一，家長只要醫師解釋清楚，時效優先，大家就一起與小朋友搏命了。門診才是真正的考驗，家長帶小朋友來看病，若須要手術治療的，多數都已經打聽好找比較資深的、或主任級的醫師，開業醫轉介來的，也不例外，多數已經指定熟悉的、當然也比較資深的醫師。年輕醫師一開始門可羅雀，乃預期中的事，尤其小兒外科這一行，鮮少有慢性病，小朋友來門診看病，倘若不必開刀的，醫師給個意見，就不必有下一次回診。即使須要開刀的，開完刀，回診一次，看一看傷口就結束。病人不易累積，只能慢慢地靠口碑傳開。

當然與本業最相關的小兒科、麻醉科建立好關係，弄清楚醫院的醫療作業規範，也是當主治醫師的必備條件。在服務之外，還要積極涉入教學與研究，並參加各種行政或教學相關會議。各色各樣醫學會，要不要參加，什麼時候投稿、註冊，都要自己決定。

如果將白袍儀式比喻成讓醫學生領了當醫師的入門券，長袍加身就是畢業考，驗收從實習醫學生到住院醫師一路所學，所累積的經驗、知識與技術，是否足以勝任獨當一面的主治醫師。個人認為其重要性，應該淩駕在白袍儀式上。也許個人膽小、容易杞人憂天，白袍儀式已經不復記憶，但是長袍加身時的靦腆，一輩子忘不了。想起以前皇帝登基，黃袍加身，文武百官在列，何等威風，自此掌控天下百姓生殺大權，又何等任重道遠，莫怪年幼皇帝登基，黃袍加身時，會被嚇哭。醫師披上長袍，一樣掌控病人的生死，卻無任何儀式，引起大家的重視。目前很多醫院設有職前訓練課程，但是有多少醫師認真地把它當一回事，或者課程設計，能讓主治醫師體認自己的能力，感同身受病人的痛楚，並且量力而為，值得深思！

2-19

北國尋「經」記

在華人社會裡面，若論最為人熟知的歷史人物，《西遊記》故事中的唐三藏，絕對排在前幾名。唐三藏是虛構的人物，但是故事是根據唐代真實人物玄奘到印度取經，發展出來。玄奘是不是中國歷史上第一個留學生，有待考證，但是毫無疑問地，玄奘應該是千百年來，最有名、最有成就、影響也最深遠的留學生。在交通不發達、資訊不流通、語言隔閡、小國林立、盜匪橫行的古代，出門寸步難，像玄奘這般出遠門，一走幾千公里更是絕無僅有。

正史上，沒有詳載玄奘是否帶隊到印度取經。如果像《西遊記》故事中一般，有人作陪，日子還好過，否則一路孤軍奮鬥，不碰到孤魂野鬼，一人獨自應付，已經是萬幸，長年無人可以交談，更是只好無語問蒼天！在這麼艱困的留學環境和歲月中，能從印度取回經書，並開創中國的佛教，既是前無古人，也應該是後無來者。甚至千年之後，因庚子賠款送到美國的留學生，雖然一樣遠渡重洋，也至少是一群人坐著輪船出國，而且有備而去，衣食無虞，與玄奘相比，艱難困頓沒得比。但是比起我們這一代，清末民初的留學生，仍然須要更大的勇氣，克服比我們更困難的境遇。

民國七十一年，筆者完成台大醫院小兒外科總住院醫師的訓練，到台北長庚醫院林哲男主任指導下，繼續再做一年小兒外科的 fellow，其間開始考慮出國進修的機構及進修的主題。當時出國留學，蔚為風氣，主要是歐美國家的科技淩駕台灣之上，而且差一大截，習得一技之長，回到開發中的台灣，正可以好好發揮。

以個人而言，找美國或加拿大兒童醫院小兒外科部門，繼續深造，是最理所當然的首要考量，也是多數醫師都會選擇的路，只是在接受陳秋江教授等台大名師的指導，以及林哲男主任再一年的強化訓練，自恃藝高人膽大，在小兒外科領域，足以獨當一面，也就不把小兒外科領域的進修，列在第一順位。當時台大已經成功完成腎臟移植，困難的連體嬰分割也成功，下一個待征服的小兒外科醫療問題，是肝、胰、小腸等器官移植。那些年，醉心於追求此項新技術的人還不少，包括早我兩年做林主任 fellow 的陳肇隆醫師，在我當 fellow 時，已經在肝臟移植泰斗 Starzl 門下進修，重覆此路，在當時台灣的環境是多餘。

正在徘徊猶豫時，恰巧碰上一九八〇年時任 Montreal General Hospital（MGH）實驗外科主任的邱智仁教授與時任加拿大麥吉爾（McGill）大學外科部主任 David S. Mulder 連袂訪問林口長庚醫院，與張昭雄院長相談甚歡，當下促成兩機構的交流，也馬上就有林口長庚醫院外科部陳敏夫主任的回訪取經，而 MGH 一般外科關偉雄醫師（Alan Kwan），也應邀到林口長庚醫院當客座教授，與我們逐漸相知相熟。McGill 大學設有實驗外科，同時有碩、博士學位的彈性學程，所有外科住院醫師，必須至少有一年到實驗室，也至少要完成碩士學位。

對我而言，錯過就讀台大醫學院臨床醫學研究所的機會，此時可以彌補回來。而 Dr. Mulder 及邱教授應允免除我的學費，等等條件在當時足以說服我一腳踏進去。於是和老婆大人反覆磋商後定調。當年醫院補助出國進修的經費有限，家人與自己的生活，都須要錢，何況萬一進修博士學位，至少要三年，其間，老婆也要進修，總不能叫一家人坐吃山空。於是抱起書本，埋頭苦讀，考過病理學門的公費留學考試（註：當年無外科學門的公費留學考試），生活費有更進一步保障之後，就在一九八四年的五月，暫別家人及臨床工作，一頭栽入留學生的生涯。

千里迢迢，抵達無親無故的蒙特婁（Montreal）市，忐忑不安之情，無法不溢於言表。邱教授已先鞭一著，派出他的研究生 Carin Wittnich 小姐，等在出海關的門口，讓我一踏入加拿大的國門，就有人招呼，心裡感覺就很溫馨踏實。住宿也安排好暫時在 MGH 的院內宿舍。到辦公室見了 Dr. Mulder 及邱教授，兩位都教我先到處走走看看，熟悉環境，不急於談研究事宜。之後到我與 Carin 共用的研究室，發現桌上有一個小玻璃瓶，裡面插著一枝在這之前，台灣從未看過，如此大朵、又如此雍容華貴的牡丹花，生冷的環境，一下子就溫暖起來。

Dr. Mulder 及邱教授都是心胸血管外科醫師，筆者是小兒外科醫師，師生兩造背景大異其趣，研究題材本來就不易有交集，在我出國進修前，邱教授已經與我討論過，就以兩科醫師都會碰到，大人、小孩都會發生的細菌性或敗血症導致之成人型呼吸窘迫症候群（adult respiratory distress syndrome，簡稱ARDS）為研究題材。在我出國前幾年，華裔科學家李卓皓博士，發現並純化出人體內生性嗎啡（endorphin），進一步研究發現此內生性嗎啡不僅攸關疼痛，也和很多疾病包括高山症引起的肺水腫有關，其拮抗劑 naloxone 則正好可以用來治療高山症引起的肺水腫。經過一翻討論與地毯式的文獻搜索，我與邱教授很快達成共識，我的題目就是探討內生性嗎啡在細菌性 ARDS 的角色，並釐清其拮抗劑 naloxone 是否能有效地阻止細菌性 ARDS 的致命性破壞。

題目清楚、方向明確，在邱教授指揮若定下，很快就緒。邱教授怕我與臨床脱節，也安排我到蒙特婁兒童醫院見習，參與兒童醫院小兒外科的教學活動。兒童醫院的小兒外科主任 Frank M. Gutman 非常客氣，允許我自由參與該科所有活動，包括進入開刀房觀看，所以在研究之外，我也有臨床節目，足以調節並充實進修中的日子。

兩個月後，實驗室來了一位不速之客——上海胸科醫院胸腔外科醫師高成新。高醫師幾乎與我同時到 MGH 進修，以臨床為主，主要學習 MGH 胸腔外科的手術技術及相關知識。高醫師本身已經是饒富經驗的胸腔外科醫師，很快地發現除了新知交流，其他臨床方面能夠突破的部分很有限。高醫師雖然不是透過邱教授到 McGill 大學來進修，也不是跟隨邱教授學習，但是邱教授很快地認識高醫師，並主動關懷他的進修狀況，發現他很想在臨床之外，也能在其他方面，包括研究，學點東西。邱教授徵詢我的意見後，我的實驗自此開始有一位得力的合夥人，和共話家常的對象，我們也從此成為很好的朋友。

我與邱教授年齡相差十六歲，但是我們很快發展出亦師亦友的關係，邱教授只要想到什麼點子，對研究、甚至於對生活有幫助，就隨時隨地聊起來。有一次提到他被推薦成為諾貝爾醫學與生理獎的推舉委員，雖然只是輕描淡寫幾句話，我不難瞭解老師的研究成果已經受到國際矚目，成為一方之長，才有資格擔任此非常榮耀的委員。邱教授與師母住在有蒙特婁陽明山之稱的 Westmount 上，房子雖然不豪華，但是視野極佳，可以俯瞰整個蒙特婁市，離開 MGH 也近，醫院若有事可以隨傳隨到，實在是醫師居家的上選。我非常幸運，可以常到這福地作客，尤其一九八四年的九月，我太太也來 MGH 進修以後，更常造訪。師母是小兒科醫師，也非常忙，即使如此，邱教授與師母把我與太太當家人看待，讓我們身處千里之遙的異地，仍如在自己的家一般自在。

我的進修，沒有設限，可以從碩士跳到博士學位。我的實驗進行得很順利，一年的成果，已經足以發表三篇不錯的文章。這時候高雄長庚紀念醫院的籌備，正如火如荼地進行，范宏二院長積極尋找各科人才，我與內人也是被徵詢網羅的對象。在繼續攻讀博士學位，或把握機會到一家嶄新機構發揮所學之間，我必須很快做出抉擇。魚與熊掌不可兼得，我內心的煎熬，很快被邱教授發覺，他語重心長地說，如果當年台灣有他可以發揮的舞台，他不一定會出國或長期在國外發展。他說我已經學到研究的竅門，拿不拿博士學位已經不是那麼重要。老師一席談，勝過千言萬語，我與內人於一九八五年的五月，束裝回國，準備投入高雄長庚紀念醫院的籌備與開幕。

出國前，遙望地圖上的加拿大，與當年蘇武牧羊的北海，差不多一樣高的緯度，心裡已經蒙上「高處不勝寒」，蒙特婁更是陌生的城市，令人不勝疑慮。抵達蒙特婁後，才發現自己彷彿井底之蛙，撞見比台北進步一、二十年的大都會，有方便的地鐵，有充滿異國花卉的植物園，更有高水準的大學與藝文活動，以及四季分明的天候與令人驚嘆的大地變化。

有一部一九六〇年發行的電影，叫做「北國尋金記」（North to Alaska），從片名可以猜得出影片內容與淘金攸關。全片以動作來描寫北國冒險者粗獷的個性及刻苦的生活。到北國加拿大進修，刻苦耐勞不能免，花費不貲，也絕對淘不了金。但是學到實驗外科的精髓，一輩子受用不盡。玄奘到印度取經，造福普天之下的人，個人到北國取經，故事不如唐三藏曲折離奇，成果也有天壤之別，但是至少嘉惠自身，也差堪告慰[3]！

3 本文記述邱智仁教授的部分內容，已另刊登於《景福醫訊》二〇一五年二月出刊之第三十二卷第二期一三至一六頁。

2-20

南方水草

逐水草而居，是古今中外遊牧民族，順應環境變遷的生活方式。進入農業、工業時代以後，逐水草而居的遊牧生活方式不復存在，其意義也逐漸被一般人淡忘。

當我在加拿大進修的時候，高雄長庚紀念醫院的籌備正在進行，我與內人，都和南部地區沒有任何淵源。之前個人有幾次到南部，包括讀小學前與祖父搭火車到屏東潮州，探視當兵的三叔；小學畢業旅行以及在大學四年級時與同學旅遊；參加防癌宣傳隊全台跑一趟，以及與五叔、胞弟一次墾丁、鵝鑾鼻之旅，時間都很短暫。只有大學畢業以後，到鳳山衛武營當兵三個月，時間比較長。即使如此，因當時家逢巨變，三個月都在哀傷中度過，除了天氣炎熱，整天汗流浹背，衛武營旁盡是甘蔗園，到步兵學校出操，走羊腸小道，以及高速公路高雄段正在興建，其他印象都不深刻。

為什麼選擇到南部，而且至今一住超過三十年？答案實在不是小時候能預知。從小住在有風城之稱的新竹，直到高中畢業，才因就讀大學，第一次離鄉背井。台北人生地不熟，住在台灣大學第七宿舍，往校總區的路上，除了寥寥幾戶人家，盡是農田。途經凹凸不平的羊腸小道，冬天多陰雨，一路又泥濘不堪，不像通往大學之府的陽光大道。與佩文結婚後，為省錢，暫時租屋在狹小的吳興街，除了臨近馬路與聆聽市場的喧鬧，也沒有多少充滿陽光與靜謐的日子。後來搬到新購的民生社區公寓，臨近台北長庚醫院，佩文與我上班都方便。公寓前臨公園，視野良好，曾經高興一陣子。但是，好景不常，中國人欠缺公德心，在清晨睡意正濃時，發揮得淋漓盡致，一些早起民眾大剌剌地放音樂跳舞、打太極拳，完全無視於他人不同的作息，有時吵到令我抓狂。

自大學一年級開始，到當上主治醫師止，除了當兵及留學，暫時離開一陣子，算一算窩居台北，前後長達十六年。有一年冬天，居然陰雨綿綿長達三個月，令人鎮日鬱悶，這才發現自己是對天氣及聲響非常敏感的人。佩文比我好一點，心情不會受到天氣及外面吵雜的影響，但是一年到頭咳不停，後來才發現可能與潮濕導致之霉菌滋生相關。

小兒外科市場雖然不大，仍然有年輕醫師陸續投入，自己有機會另外開疆闢土，讓出空間給年輕醫師，對科的發展，未嘗不是好事。儘管前景不明，充滿未知的風險，儘管女人天性不喜歡遷徙移居，佩文仍支持我冒這個險！其實我生命中第一個重要的女人，我的母親，也為這項重大決定憂心忡忡，到處求神問卜，畢竟她們比較傾向於安土重遷。不巧的是，在台北廟宇抽的兩支籤，都不看好我到南部發展，雖然符合母親的心意，但是也改變不了兒子打算到南部發展的事實，最後求助於居住新竹老家的四叔，在我出生地附近的廟宇抽支籤，果然比較迎合我們的心意，籤詩上記載「運逢得意身顯變，君爾身中皆有益；一向前途無難事，決意之中保清吉。」有此神意庇佑，全家人高高興興準備遷居南部去。

為了生計，任何生物都有遷徙的基因，伺機而動。遊牧民族逐水草而居，為了牲口，也為了養家活口；現代人的遷居，多為了工作，背後的理由，五花八門。個人離開台北，不是為了生計，如果天氣及生活環境，也算是生存必須的、廣義的水草，那麼陽光燦爛、開闊而略帶野性的高雄，就是我追逐的南方水草。

戀愛中的情侶，希望愛苗像松柏般長青。

訂婚時全員出動，圖中（自右至左）顯現三、四、五叔及大姊在吃甜湯圓，筆者在最左側，幫我報戶口之二叔以及祖父、母親在對面未入鏡頭。

筆者與佩文訂婚後，和祖父（自右至左）、岳父、岳母及母親合影。

筆者與佩文結婚時，榮獲宋瑞樓教授（右 1）福證，同學王引子（左 1）及葉國新（右 2）為伴娘及伴郎。

岳父高興地抱著二女兒和站立的大女兒合影。

1983 年 5 月大女兒與父母暢遊東京迪士尼樂園，手抱著剛買的米老鼠布偶。

筆者（前排左 2）至麥吉爾大學進修，與師長同學合影，包括邱智仁教授（後排左 2）及 David S.Mulder 主任（後排左 5）。

加拿大進修期間，秋天到邱智仁教授、師母家作客，佩文與師母（左）合影。

筆者（站立）至麥吉爾大學進修，於 1985 年 3 月與邱智仁教授、師母（右 1,2）佩文及高成新醫師（右 4），一起參加楓糖節慶。

第三章

書劍春秋

3-1

火燄山分隔的兩個世界

決定到南部就業，是個人生涯的一大步，更是一家人往後落地生根的一件大事。安家落戶之前，準備工作非常繁瑣。首先是小孩子讀書的問題，我出國進修的時候，大女兒讀幼稚園，小女兒還只是小跟班，成天跟著姊姊唱唱跳跳，聒噪不停。回國以後，除了恢復臨床工作，也陪大女兒到台北長庚醫院附近的民生國小報到、就讀，學校就在我上班的路上，父女倆可以結伴同行，和樂融融。當時內人佩文的工作重心，已經移到林口長庚醫院，上班時間多比我早，以便坐交通車到林口，小女兒則由祖母陪同上幼稚園。到了民國七十四年的十一月底，全家生活秩序，就要面臨大轉變。我與佩文必須到高雄長庚醫院報到，準備七十五年一月一日的開幕作業。

由於完全不瞭解高雄縣市學校，又人生地不熟，兩個孩子就和祖母暫時留在台北讀書。當時我的二妹秋燕已經結婚，就住在附近，可以就近幫忙照顧媽媽和兩個小孩。南來北往交通，主要靠飛機、鐵路、及中山高速公路連繫。因為隨身用品及書籍不少，自己開車攜帶成為首選。當住院醫師時候買的二手車福特跑天下，已經老舊不能信賴，於是買部新車福特千里馬，自七十四年的十一月以後，成為我與佩文每一、兩個星期的週末，奔波於中山高速公路最重要的交通工具。當時年紀輕，在車輛還不多的高速公路上開車，感覺新鮮、有趣。週末、假日別人開車南下遊玩，我們卻北上探親，極少碰到塞車狀況，一路開來開去，一點也不覺得累。

當時印象最深刻的是，車子往南開，過了苗栗三義，途經俗稱火燄山的下坡路段，往台中豐原開去，本來陰雨綿綿、暗沉沉的北部天氣，突然間豁然開朗，彷彿進入另外一個世界。一向對天氣敏感的筆者，心情也隨之轉換。沿著高速公路兩旁，種了豔紫荊，秋冬之際花朵盛開，一路奼紫嫣紅，煞是好看。到了春天，木棉花接替上場，紫紅換成橙紅，車子行駛中間，彷彿從一條迎賓大道換成另一條迎賓大道。

高雄長庚醫院座落在高雄縣鳥松鄉的澄清湖湖畔，尚未下來南部前，從來沒聽過有鄉鎮名字叫鳥松，倒是從小喝慣黑松汽水，還以為自己聽錯名字，搞不好是黑松或烏松。直到親眼目睹未來工作、生活的地方，才相信「鳥松」之稱，名符其實。醫院對面是澄清湖，早已是知名的風景區；右側是小貝湖，冬天種稻，夏天養魚；左側是正修工專，後來升格成正修科技大學。醫院後面是員工宿舍，初期有四棟，面臨尚未開發之低窪沼澤地，旁邊圍繞著隸屬於省政府的熱帶實驗林，種植很多亞熱帶果樹與植物。白天鳥語花香，晚上蟲叫蛙鳴，一派悠閒，與世無爭的工作與生活環境，彷彿回到小時候生活的地方，與擁擠的台北、吵雜的公園、濕冷的冬天，有天壤之別。

對筆者個人而言，每回過了三義豐原間的火燄山，彷彿《西遊記》中的唐三藏熬過火燄山這一關，心境的轉換，則宛如浴火重生的火鳥，得以脫胎換骨面對未來。

3-2

喬遷試身手

民國七十五年一月一日，對個人及同一時期到高雄長庚紀念醫院服務的同仁，是一輩子難忘的時刻。有些同仁在更早的時候，就已經與范宏二院長一起參與醫院的規劃，也來過高雄幾趟，醫院軟硬體的籌備與張羅，他們厥功甚偉。我們十一月底報到，也有一個多月的時間，參與準備。

台塑企業的效率與范院長員工關懷的表現，在醫院的籌備階段，展露無遺。首先住的問題，除了單身宿舍已經完工，可以供單身或有家眷但是一個人先來打拚的人，選擇住宿；也開放三十五坪的眷屬宿舍，可以供後者選擇住宿。當然，像我與內人一起下來，優先選擇住三十五坪的眷屬宿舍，等半年後，母親與兩個女兒下來定居，更大的五十坪眷屬宿舍，已經完工等著我們一家人喬遷。

其次，為員工及眷屬南來北往探親及運送一般用品方便，也為醫院傳遞公文及輕便物資著想，醫院備有免費交通車，定期往返台北、高雄，母親偶而會帶兩個女兒南下探親，看看南部的生活環境，也為未來定居熱身，當然這項措施，對安定員工軍心，凝聚向心力有非常重大的影響。

診療室、病房與開刀房的配備，在籌備階段，醫學大樓硬體尚未完工前，已經陸續運到。我們在開幕前的最重要準備工作之一，就是點收所有儀器、設備，並視那個區域開放可用，就逐步歸位、逐項到位。有欠缺的設備，可以透過緊急採購，以期開幕後，沒有掛一漏萬，以至於無法服務病人的事情發生。醫院在成立的最初幾年，設有設施運用管理委員會，顧名思義，就是為合理進用各項儀器、設備把關。

七十五年一月一日準時開幕，王永慶董事長及夫人，陪同董事長母親一起剪綵，地方政要依例捧場。很多台北同事，包括同窗七年的摯友郭啟泰和他太太趙雅麗，張承能和他太太、小孩，以及與我工作最得力的伙伴，專司兒童麻醉的黃潔文醫師，也趁元旦假期，遠到高雄給我們捧場，沾一沾喜氣。就要在此工作的我們這一群人，包括同學陳文顯夫婦，許國泰、邱世賢等，在辛苦這麼多個日子以後，總算可以安居樂業，歡欣鼓舞之情，溢於言表。院方考量開院初期醫師收入不高，特別給予幾個月的保障薪水，也等於讓我們有靠山，不愁坐吃山空，工作更帶勁。當然，每一個人都躍躍欲試，想在新醫療院所，展現自己身手。

開幕當天下午，就有急性腹痛合併下消化道出血的小朋友，到急診就醫，經檢查確定有緊急手術的必要，當晚就送到嶄新的開刀房開刀。雖然開幕前已經有病人送來開刀，印象中這位六歲小男生，應該是開院後的第一例手術病例。術中發現是梅克爾憩室合併腸道潰瘍出血，切下含有梅克爾憩室以及潰瘍之一小節小腸，並予以腸道吻合後，病人很快恢復出院。

俗語常說「好的開始，是成功的一半。」就醫療層面而言，這也許是對的，但是就生活層面而言，卻是小兒外科這一行業，勞心勞力的開始，因為單一個人獨當一面的小科，隨時都得單獨應付日增的病人，尤其從急診來的、或小兒科照會的急性病人，常常一刻都不能耽擱，因此二十四小時都佩帶呼叫器（當時尚無手機），隨傳隨到。記得隔年六月，到台中大肚山的東海大學，參加我弟弟的畢業典禮，中途就被呼叫，找地方停車打電話，通知有急性腹痛的小朋友，照會是否須要緊急手術。還好當時有兩位一般外科住院醫師，輪流值班，也順便幫我看會診。等參加完畢業典禮，即刻不容緩地趕回來開刀。

南部地區民眾的收入，比北部地區差一大截。在沒有全民健保的年代，為兼顧小朋友的家庭收入是否付得起醫藥費，常常得犧牲自己的荷包。雖然病人激增，但是勞心勞力之餘，還要勞神減免病人醫藥費，莫怪一般年輕醫師不敢輕易踏入。幸好獨自奮戰幾年後，有篤信基督教的謝志松醫師加入，讓我有替換喘息的機會，真要感謝上帝派來使者！

3-3

草地上的曙光

儘管小兒外科這一行業，幾乎是無日無夜，隨傳隨到，但是住在醫院宿舍，與不時照會的急診室或病房，嚴格說來，也僅有咫尺之遙，服務很快到位。儘管辛苦，能讓病人及早接受該有的治療，並獲得家屬感激的眼神，也差堪寬慰。

撇開日益繁重的臨床工作，我們當年的生活環境，好得沒話說。醫院宿舍外面，就是面積足足有好幾個足球場大的熱帶實驗林，既是醫院的後花園，也是我們一家人免費的公園。下班以後，天黑之前，常常是我們全家大小穿過小徑，到實驗林運動、休閒活動的時間，小孩騎腳踏車，大人走路或跑步，既可以活動筋骨，又可以呼吸新鮮空氣，實驗林中的花草樹木，更令人賞心悅目。

全家要在南部定居生活，家當就要搬遷，該帶的一件都不能少，這的確是人生一輩子不會碰到多少次的大事。雖然先前已經陸陸續續載了一些東西下來，但是直到搬家那一刻，才真正體會一家人長年累月累積下來的東西，多不勝數，要留、要丟，取捨非常不容易。尤其兩個女兒的東西，說多不多，有些玩具、娃娃，已經老舊，實在沒有帶到南部的必要。但是女兒心愛的東西，實在不忍心丟棄，免傷了她們小小的心靈。也只好一箱一箱打包上車，到了醫院宿舍，又一箱一箱搬下車就定位。雖然有搬家公司幫忙，住在南部的表哥鄭邦寧，與我們先前素昧平生的同事陳國男大哥仍然趕來，二話不說，捲起袖子，忙上、忙下搬東西上三樓，一大貨車的東西，也因此很快搞定，並印證前人所言：「遠親不如近鄰」。

讀幼稚園的二女兒，對自己心愛的東西非常在意，裝箱時雖然沒有特別做記號，顯然她已經銘記在心。到高雄宿舍下貨還沒結束，她就要求打開一個箱子，並直言裡面有她的東西，她要看看。正在一頭忙的大人，面對幾十箱幾乎一模一樣的箱子裝的東西，實在不想聽她胡扯，隨便開箱。但是拗不過她的堅持，只好在百忙之中，打開她指定的箱子，果然有她要的東西，令所有在場的人嘖嘖稱奇。

為學齡兒童就學方便，也因應家長對醫院附近，比較鄉下學校的不信任，當時的管理處張秀光處長，幫忙將所有學齡兒童的戶籍，遷到他家位於高雄市七賢國小附近的戶籍地址，七賢國小當然就突然湧進一、二十位不速之客，坐著醫院提供的交通車去上課。這輛交通車不但載學生上學或回家，也載家庭主婦到離開醫院較近，貨色較齊全的正宗市場買菜，有時甚至於載她們到當時最具規模，位於中山路、五福路口的大統百貨公司逛逛。百貨公司的頂樓，有兒童遊戲設備，雖然以現在眼光看，實在小不拉嘰，仍然讓大家樂不可支。

當時澄清湖前門出去的澄清路左側，屬於鳳山市，尚未開發，不是種稻、種草莓，就是弄園藝、摘植盆景。草莓盛產時，會帶小孩就近踏青、採草莓。我們則不時光顧園藝行，為住家增添綠意，偶而將陽台裝扮得花團錦簇，娛己也娛人。環繞澄清湖後門出口，還沒有高樓，與大埤路交界的路口，有一家名字叫做「觀湖亭」的台菜餐廳，名符其實可以觀湖。但是前不著村、後不搭店，很難想像先前怎麼存活。因與同在大埤路上的長庚醫院在馬路的同一邊，距離不到一公里，閒時走路過去，不過十至十五分鐘就可以到，加上當時車輛少，很快成為我們同仁經常聚會的場所，大宴小酌不斷，把酒言歡過後，不必考慮酒後駕車的問題，實在是我們的好厝邊。可惜，隨著時代演變，故步自封的「觀湖亭」，幾年以後也經營不下去，成為活在早期同仁腦海裡的「城南舊事」。

醫院的經營蒸蒸日上，醫院的成員，年年擴增，彼此間的距離，也逐漸拉開，不出幾年，曙光已成豔陽，草地多變成水泥地，連宿舍與實驗林間緊密的關係，也被環繞醫院後面的替代道路切斷，以因應日增的車輛擁塞大埤路。這一切彷彿嬰兒斷了奶，也斷了我們和大地母親的親密關係。草地上的曙光，成為只能回味的往事。

3-4

拷貝傳恩情

很少行業像醫療那般依賴專業知識及累積的經驗，才能給予正確的診斷與治療。尤其小兒外科這一行業，診療的疾病，從小孩子的頭頂到腳底，從簡單的後天性疝氣到複雜的先天性異常，列得出來的疾病，至少上百種。很多疾病，前所未見，一旦碰到，如果在門診，先安排一些檢查緩衝，門診完後，趕快查教科書或文獻，以備下次回診時給家長答案。如果在急診或病房照會時碰上，也得於最短時間內找到最正確的診斷與治療方法。

民國七十一年我在台大醫院完成小兒外科住院醫師的訓練，民國七十二年在台北長庚醫院再接受一年小兒外科研究員的訓練，中間出國一年多，民國七十五年到南部自立門戶。之前在北部閱歷雖然不少，但是到台灣南端的高雄縣以後，才發現自己學識有限，眼界仍不夠大，奇奇怪怪的病例，層出不窮，後面會提到一些例子。有些教人丈二金剛摸不著頭腦，看了實在有點心虛。

來南部之前，可以在台北買得到的教科書或參考書，多不惜重金採買，以備不時之須。這裡面包括網羅小兒外科泰斗撰述的三種教科書，針對新生兒外科疾病診斷及治療要特別注意的參考書。當然身為外科醫師，一旦要在不很熟悉的部位開刀，對該器官系統解剖學位置，必須了然於胸，因此解剖學的教科書或參考書，也有好幾本。甚至於不常經手的手術式，也備有參考書參考。即使裝備看似齊全，碰到罕見、甚至於前所未見的病例，這些裝備其實都不夠用。

這時候，如果有經驗老到的老師在眼前，可以一同會診，還好辦事；或者至少有數位相機，拍個照片上傳，或透過電子郵件描述病人狀況，讓老師「分享」他的經驗，也可以幫忙解決燃眉之急；或者退而求其次，有及時文獻可以查詢、比照，也總比一片空白好。

實情是一九八六（民國七十五）年，上述所寄望的解方都不存在。可以及時查詢文獻的 **Pubmed**，是十一年後的一九九七年六月才公開給大眾，可以透過網路，免費查詢。而小兒外科醫師最常參考的雜誌《Journal of Pediatric Surgery》（簡稱JPS），也一直到二〇〇一年才有網路版本可以下載閱讀。雖然長庚醫院及本人在醫院開幕時，就不惜花錢訂購JPS，但是該雜誌從一九六六年開始發行起，到一九八六年止，中間二十年的期刊在我手邊均闕如。剛下來南部時，還曾經幾次到更早成立的高雄醫學院圖書館找資料，有時有斬獲，但也常常無功而返。

先前在台大醫院當小兒外科總住院醫師時，到醫學院的圖書館查資料，相當方便。但是更方便的是到陳秋江教授辦公室，查閱JPS上的資料，因為陳秋江教授很有心，從JPS於一九六六年開始發行起，就開始訂閱，一期都不少。我到南部不久，發現沒有舊期刊的不便，尤其從Index Medicus可以查到類似病例，卻看不到全文時，更是手癢、心急如焚，這時候念頭就動到老師頭上。

那年頭拷貝（影印）相當盛行，付不起原版教科書或參考書的學生，固然靠影印原版書閱讀；像我們這般渴求有重要參考價值的期刊論文的人，也經常光顧圖書館查資料，一旦查到，如獲至寶，也多印了再說。但是沒有期刊，想印也沒得印。JPS從一九六六年到一九八六年，總計二十年的期刊，說少不少，自己無法到陳秋江教授辦公室，一本又一本借來影印，也不方便要求他的助理做，剩下唯一可行的方案，就是借來高雄影印。

我剛一開口，陳教授就二話不說答應，也著實讓我嚇一跳。郵寄雜誌固然要冒遺失的風險，郵寄這麼多期期刊的過程，更是繁瑣。我與陳教授的助理就開始一來一返，將二十年的期刊，分批寄來高雄影印，又分批寄回去，整個過程像愚公移山，耗費好幾個月才完成。幸好，整體作業分毫不差、按部就班地進行。不僅雜誌毫髮未傷，一頁都不缺，和老師可以交待；完成裝訂後的影本，一字排開，像極了百科全書，不但賞心悅目，也著實讓我感覺有了靠山，行醫更有勁。

當然，和老師的請益從未間斷，無論透過電話或上台北時當面請教，陳教授均知無不言。很不幸在高雄長庚醫院成立後的第二年，陳教授因外耳道癌症，在林哲男教授陪同下，到紐約Sloan Kettering Cancer Memorial Center接受治療，其間備極辛勞，嘗盡異鄉就醫的痛楚。所幸癌症受到控制，之後沒有再發跡象。我也有幸至少兩次邀請陳教授到高雄長庚醫院演講，並與夫人到墾丁公園、寶來溫泉及嘉義瑞里渡假。可惜，好景不長，就在一九九八年他屆齡退休的三個月前，從紐約探親回來的清晨，在急著洗完澡準備上班時，突發中風，不省人事，雖然急救搶回一命，但是半身麻痺的後遺症，在夫人無微不至照顧下，仍不敵病魔糾纏，奮鬥九年後辭世。

我在新竹中學畢業時，學校送給學生嘉勉的對聯是「為語橋下東流水，出山要比在山青」身為陳教授學生，不敢自詡出山要比在山青，但能不辱師名，且身體力行陳教授指導學生的詳盡與用心，也差堪告慰陳教授在天之靈。而拷貝期刊一事，雖然只是生命長河中的一小段插曲，也足以反映陳教授對學生的關愛。在電子資訊尚未普及的年代，此種傳遞知識的舉動，彌足珍貴。

3-5

醫界奇談——方武忠醫師留學台大醫院外科四年的故事

一九八三年五月十六日至二十日在日本九州福岡市舉辦的太平洋小兒外科醫學會，應該是台灣醫界的創舉，首次有超過十名以上小兒外科醫師及眷屬參加國際醫學會，其中有一位不速之客方武忠醫師也參一腳。筆者先前與方醫師素昧平生，但是有外科醫學會或小兒外科醫學會的場子，就有他的身影，更妙的是，他與台大醫院外科醫師熟稔的程度，尤其和我們熟悉的老師們之間談笑自若，彷彿一家人一般，很容易讓人誤以為他是台大醫院任職的外科醫師，但是奇怪的是我在台大醫院外科部當住院醫師的時候，卻從來沒有看過他。之後到南部就業，因陳秋江、林哲男教授的關係，我們越走越近，很快成莫逆之交，對他的身世背景也才開始有深入的瞭解。

方醫師是國防醫學院第六十期的學生，民國

四十九年九月一日入學，同期進入的學生超過二百名。當年會念軍校的學生，多半是家境不佳，想利用公費學醫，但是也有其他動機，不容易去個別瞭解。其中有一位同學的父親是二二八事件的受難者，家境不差，畢業後不必靠醫師這一行業辛苦賺錢，方醫師至今仍參不透這位同學念國防醫學院的動機。到民國五十六年三月三十一日畢業時，僅剩四十八位同學一起參加畢業典禮，其中不乏中途因旨趣不合退學的，但是更多念不下去留級的，由此可見當時國防醫學院對學生課業要求的嚴苛。方醫師能通過這層層把關的考驗，相當不容易。

方醫師畢業後，循例在軍方醫院當醫官，待過的地方依序包括海軍澎湖基地醫院、二二一軍艦、左營陸戰隊醫院，以及海軍基隆基地醫院。民國五十九年四月至八月在基隆服務的短暫期間，發生兩件改變他一生，也影響到他周遭的人的大事。其一是認識小他十歲的護校實習生王錦蓮，方醫師一見鍾情，展開熱烈追求，之後方醫師到台大醫院當住院醫師時，兩情相悅步上紅毯，攜手同心過一輩子。其二是海軍基隆基地醫院的院長及上級長官，應允派他到台大醫院外科部「留學」，這一留竟然是破天荒的四年，不僅前無古人，也大概後無來者，堪稱台灣醫學史上的特例！

台灣醫界一向門戶之見非常之深，自己行的科目絕不假外求，至今依然。唯以當時台大醫院外科部各色人才齊集，成為國內很多發展中醫院派員學習的對象，委實不稀奇，但多數是幾個月的見習或實習，能留一年的已經不多，在方醫師之前，也有從他單位外派一年進修的例子。方醫師調派台大醫院外科部的時間是民國五十九年九月一日，原先預定一年後的民國六十年八月三十一日調回。

但是民國六十年代台灣為保衛聯合國的席位而酣戰，退出聯合國的惡夢，纏繞台灣多年，終於在民國六十年十月二十七日，在蔣介石總統「漢賊不兩立」的原則下，退出聯合國，很多人對台灣的前途沒有信心，有辦法的人，包括醫師在內，紛紛移民美國。一時之間，包括台大醫院在內各大醫療院所均缺醫師，唯獨把關較嚴之軍醫院例外。是否在這樣的背景下，方醫師從進修變成借調支援，才可以一延再延，從一年、兩年最後到四年，完成台大醫院外科部一般外科總住院醫師訓練後，才被召回，這前因後果連當事人方醫師都不清楚，外人自然無從考證，也因此成為台灣醫學史上絕無僅有的特例。

更特別的是，民國六十三年八月三十一日方醫師完成四年訓練，接到的派任令，不是回到原調出單位海軍基隆基地醫院當醫官，而是到更大的單位左營海軍總醫院，當外科部主任。這項人事命令，不僅讓當事人嚇一跳，更讓他的老師，曾經幫他與王錦蓮證婚的台大醫院外科部許書劍主任難以置信，剛完成訓練，官拜少校的年輕小伙子，居然要統領外科部，部裡不乏比他資深，甚至官拜上校的醫官！

這項破格任命的案例，對於毫無裙帶關係的方醫師，又是另一創舉與考驗。以一個多年老朋友事後回溯性觀察，我非常讚佩當年敢做出這樣決定的長官。台大醫院外科部似乎從來沒有把他當外人看待，方醫師完成四年的訓練，等於從住院醫師到總住院醫師的整個過程都走完，雖然沒有客觀數據驗證其訓練成果，但是獨當一面，概無疑慮。事實上，無論在海總外科部主政的五年期間，或後來在高雄中學對面，將原來海總附設民眾診所買下改成南山醫院初期的十年，方醫師個人經手各色各樣的病例，其中不乏成人或小孩比較困難或重大手術，方醫師均能得心應手地完成。以當年盛況，可以稱呼他為外科界的南霸天！當時高雄醫學院還在起步階段，而高雄長庚醫院及榮民總醫院的成立，也在民國七十五年以後。

當年海軍總部的長官，將一名送到台大醫院外科部訓練四年的年輕醫官，空降高雄，正好填補南部地區醫療的空檔！方醫師除了擔任海總外科部主任外，還兼任海總附設民眾診所院長，奧林匹克體訓中心主任醫師，公保門診中心主任醫師，以及高雄地檢署首席法醫。集眾多職務於一身，不僅印證「能者多勞」之俗諺，更應驗海軍總部長官「無心插柳柳成蔭」的先賢名言。

筆者自民國七十五年到高雄長庚醫院服務後，間接搶走他一部分的飯碗，彼此不但沒有成為競爭的對手或敵人，相反地，卻和他們一家人成為最好的朋友及鄰居。這緣份說不定是前世修來的，也可能是天賜給本人及家人的福氣！尤其方醫師的太太，成為我們一家人在南部生活不可或缺的靠山，也是少數平凡中能見真章的友人。這難得一見的奇緣軼事，直到方太太於民國一〇〇年七月因病早逝，依然有增無減。方醫師雖然痛失依靠，我們也頓失最好的朋友，方醫師與我們之間仍不時相互攜手，共策未來[4]。

4 方太太紀念文發表於《高雄縣醫師會誌》第三十二卷二〇一二年四月十五日出刊當期。

3-6

檔案櫃、袍澤情

在個人電腦及相關軟體還不普及的八〇年代，有兩樣東西很流行，現在卻已經失傳，年輕一代的醫師若未親眼目睹，大概很難想像的。第一，是登錄病人資料的病例卡，以及存放病例卡的檔案櫃。在醫院開幕的時候，我就申請使用。開幕當天手術病人的資料，就是憑病例卡上的記錄，即使近三十年過去了，仍然可以清楚病人的姓名、病歷號碼、年齡、性別、診斷及接受的手術式。

孩童時候接受手術的病人，很多恢復良好，術後頂多追蹤一、兩次，之後十幾二十年未見，有的到達當兵年紀，忽然來要求開兵役診斷書。有些病歷已經被銷毀，也無轉成電子檔的記錄，這時檔案櫃存放的病例卡，成為唯一可以供舉證開診斷書的依據。這一切要感謝當年跟診的護士，以及後來負責靜脈營養的護理師何勝桂、莊素芬等人，幫我完成登錄，因此造福一些須要的人。這項登錄作業，一直到民國八十二年底，病歷電子化到一定程度才停止。

現代的人寫論文，有微軟的文書作業軟體可用，不再使用打字機打字，減少一字打錯整頁重來的困擾，連作圖也有軟體幫忙精確地描繪出需要的圖案。當年秘書最重要的工作之一，就是使用打字機打字，而論文的另外一個重點作圖，則無法假手他人，多由第一作者親手完成。在沒有使用印有各式各樣文字、符號、圖案的轉印紙之前，多利用畫圖筆在白紙上繪圖，一條線難免粗細不一，圖要做到整齊劃一，幾乎是緣木求魚。隨後有了印有各式各樣文字、符號、圖案的轉印紙，將須要的線條、符號、圖案裁成預定的長短，或取大小符合的圖案，黏貼到方格紙預定的位置上，如此可以做到整齊美觀的要求。但是工作還沒有結束，還要將完成的圖，送到教材室或外面的照相館照相。除了黑白對比要明顯，相紙大小還要符合投稿雜誌的要求，一張圖才算完成。整個過程相當煩瑣又曠日費時，實在不是現代年輕一代的醫師研究員所能想像。當然，一旦論文被接受，這一切辛苦也值得了。

與消失的檔案櫃及轉印紙可以比擬的是，當年仍有非常保守的人，其事跡遠非現代人所能想像，值得予以追溯紀念。醫院剛開幕的前幾年，各單位規模都不大，醫護人員的互動緊密良好，偶而週末與小兒科醫師及眷屬，到郊外野餐或短途旅遊，就像一家人出遊，和樂融融。既然是小家庭，彼此間的互動與瞭解，理應很透徹。但是一件讓我們終身難忘的憾事，竟然毫無預警就發生，即使將近三十年過去，仍令人難以置信。

故事主角是一名小兒科女住院醫師，既文靜、清秀又乖巧，工作也認真，很得大家歡心。身為小兒外科醫師，工作在同一病房，對這位清秀佳人般、又能任勞任怨的女住院醫師，要不側目也難。只是有一點大家不甚瞭解的是，下班後只見她匆匆忙忙離開醫院趕回家，也從來不參加小兒科醫師上班之外的活動。直到有一天，接到台南家裡的惡耗，這位女醫師已經自殺身亡，大家幾乎異口同聲地難以置信。參加公祭前，大家才弄清楚原來只要不值班，她要搭火車趕回台南夫家煮飯給家裡人吃，高雄到台南路途並不近，煮晚飯時間也很緊迫，她卻能日復一日，週而復始，從無怨言，也從不和他人透露家庭的事。夫家其實對她並不友善，不斷挑剔這、挑剔那，換成一般女性，早就離婚了，但是她隱忍下來，直到那一天，忍無可忍，走上絕路。

公祭的時候，幾乎所有同事都難過得泣不成聲，彷彿為沒有盡到同袍之誼而抱憾終生。大家心照不宣的想法是，為什麼二十世紀到了八〇年代，仍然有像十八世紀那麼樣保守的女性，將個人的委屈默默地承受，長期埋藏在心裡，最後還選擇帶到墓地裡。將近三十年過去，人事多已非，同袍一代換一代，很多醫院同事間的事情像過眼煙雲，不復記憶，唯獨此女住院醫師的故事，像日本知名的電視劇「阿信」一般，活在那時代同事的記憶中，歷久彌新[5]。

5　本節故事內容收錄到高雄長庚醫院三十週年院慶有感徵文集。

3-7

阿米巴與青蛙腿

阿米巴是寄生蟲，其產生的疾病，尤其嚴重到須要找小兒外科醫師解決的疾病，在都市化的台北已經不復見。當我在高雄長庚醫院第一次看到一名瘦弱的國小一年級女生，整個肚子脹大發炎又發燒，我們的直覺反應就是急性闌尾炎穿孔合併腹膜炎，開刀下去，才發現整個大腸發炎糜爛，幾乎可以用千瘡百孔來形容，診斷當然就不是闌尾炎。把大部分大腸切除，並做人工肛門，先挽救一條命，稍後病情穩定再接回剩餘的結腸與直腸。術後病理及血清學的檢查，確認阿米巴導致之大腸發炎及瀰漫性潰瘍。

事後瞭解這女孩家境貧窮，家裡飲用之水仍為井水，平常由祖父陪同住院或看病。有幸救她一命，也因長期追蹤，與女孩祖父建立起互信與感情，直到長大毋須追蹤後才嘎然而止。其實與感染相關，且須外科處理的疾病，在八〇年代的南部，仍相當常見。當年因抗生素管制鬆散，小孩一發燒就打針，使用抗生素治療，產生相當多的問題。其中之一，就是綠膿桿菌造成厲害的肺炎，肺葉破壞到須切除方可痊癒。另一是腸道細菌改變，竟然造成肛門口周圍潰瘍，形成一個像火山口般的大凹槽，須先做人工肛門，將傷口逐步清創植皮完工後，再關閉人工肛門。如此特殊病例，當然會訴諸文獻，讓從未見過如此怪的病例的醫師，一旦碰上，可據以參考，不會到時亂了手腳。

與亂打針相關的併發症之一，是青蛙腿。筆者當住院醫師時候參加外科醫學會，曾經聽過一位南部骨科名醫，報告過這樣的病例，數目還不少，因未經手過，也沒有把它當一回事，來到高雄才發現確實有這樣的小朋友。平常人要蹲下去很容易，雙腿併不併攏都可以做，但是這種小朋友須雙腿張開後才勉強蹲得下去，蹲下去的姿勢，活像青蛙，才有青蛙腿的名稱由來。原來這種病人因反覆注射同一臀部部位，藥物導致中臀肌壞死，逐漸纖維化後，這塊肌肉張不開來，病人也因此須雙腿張開後才勉強蹲得下去，雙腿併攏就沒轍了。還好治療方式不難，將纖維化繃緊的中臀肌放鬆就可以。

近年來，門診常有小朋友帶著學校健康檢查的單子來就診，上面註明不正常的項目，其中最常見的項日之一，是蹲踞困難，講白了就是懷疑有青蛙腿。當然這個時代，因打針導致的青蛙腿已經絕跡，雙腿併攏就蹲不下去，不是結構上的問題，幾乎都是缺乏筋骨活動，導致蹲也蹲不好。我們年輕時候上學，每天都要早操，全身上下及四肢都要動一遍，日復一日，週而復始。當年覺得無聊，事後回想，其實一輩子受用無窮。陪同小朋友來的家長，蹲得比小朋友又快又好，就是明證。是否在現代的教育裡，某些傳統的做法像每日晨操，應該恢復？否則這一代教育出來的小孩，四體不勤，五穀不分，如此教育又有何意義？

3-8

生命不可承受之重：難捨兄弟情

筆者在我們家五個兄弟姊妹中排行第二，上有一個姊姊，下有兩個妹妹，一個弟弟。也許是巧合，我們之間的年紀都差三歲。除了大姊小學畢業後就工作，當工廠作業員，貼補家用，其餘都念到大學或大專畢業，這要非常感謝父母及大姊，在家庭收入非常拮据的年代，仍咬緊牙關，讓我們得以應用所學，找到比農夫或工廠作業員更好的工作。

因家境小康，包括我在內，弟妹個個都很爭氣，考上花費比較少的公立大學念。大妹考上國立師範大學地理系，畢業後在新竹建華國中教書，直到幾年前退休。夫婿陳瑞順也是念了交通大學資訊工程的博士學位後，在交大任教直到幾年前退休，轉任私立大學任教。二妹考上國立台北護專，畢業後曾在台北榮民總醫院任護理師，因夫婿簡日晃經商，一度轉任家庭主婦，近年在美國重拾護理工作，將小孩培養長大。也因此，兩個妹妹各擁一片天，無愧於父母當年辛苦地栽培。

弟弟文照小我九歲，出生的時候，仍在家裡由產婆接生，即將小學畢業的大姊和念小學三年級的我，非常好奇，從隔間木板的隙縫中，偷看他出生，感覺非常興奮。由於年齡相差一截，生後自然是哥哥姊姊寵愛兼照顧的對象，也成了我們的大玩偶。由於父母須要不停地做農、耕茶園，以維持家庭生計，照顧弟弟的工作，都落在我們身上，大她六歲的大妹也不例外要背他。有一次在鄰居開的店子的旁邊，一不小心，兩個人連滾帶翻，跌落約三公尺深的斜坡，眾人嚇一跳，幸好除了輕微擦傷，兩個人都沒事。但是這一跌，也成為天生較魯鈍的弟弟，自我解嘲的理由，偶而會怪他二姊，把他頭腦給摔壞了。

平常只要有空，兄弟常會玩在一起。過年時候，是一家人最興奮的時刻，我會到新竹城隍廟附近，找賣應景童玩的批發商，批一些小孩可以按破小格子獲獎的、掛曆一般的玩意兒，給左鄰右舍小朋友，花小錢就可以抽到大小不一的氣球，糖果，甚至於小小玩具槍等。其實，這檔生意賺不了多少錢，最重要的目的是取悅自己的弟弟！從他按破小格子獲獎的快樂眼神中，我們也感染到過年歡樂的氣氛。

只怪好景不常，我們兄弟姊妹念書過程雖然都很拼，結果卻大不同，相對於哥哥姊姊的順遂，幸運之神似乎一路和他作對。小學畢業考初中，考上較差、又離家甚遠的二重中學，還好他力爭上游，一年後轉學到離家較近的光武中學。考高中時，不像哥哥姊姊那麼幸運，考上第一志願，位於市區的新竹中學或新竹女中，而是市郊且離家更遠的香山高中。為考大學做準備，一年後轉學到板橋中學，當時已經結婚，家住板橋的大姊及姊夫可以就近照顧。這很理想的安排，正可以讓他好好念書，準備大專聯考，卻再度遭逢家父驟逝的巨變，對他打擊之大，可想而知！

大專聯考放榜，他依然沒有哥哥姊姊幸運，考上台北的公立大專院校，而是遠在台灣尾端的屏東農專。雖然打擊連連，我弟弟卻能咬緊牙關，逆來順受，三年畢業後，考上東海大學食品科學系，續讀兩年，圓了學士夢。當兵在金門，服完兵役，也幸運找到「汎球藥理研究所」的工作。英俊且一表人才的胞弟，更幸運有了當護士的女朋友，順利結婚成家，卻在三十而立的黃金年齡，不敵命運之神的最後摧殘，竟然為拯救溺水的外甥，導致雙雙溺斃，留下妻子及遺腹女。在這生命終點的前一年，他還在努力以赴，準備考學士後醫學系，想看看是否有機會像兄嫂一般當醫師，卻以一分之差飲恨！

唯一胞弟的過世，是我這一輩子最無法承受及接受的打擊，即使將近二十八年過去，我還不時怨懟老天為什麼不放過這麼稟性善良，又一心力爭上游的年輕人？我們兄弟雖聚少離多，但是書信往返頻繁，因一連串挫折帶給家人，特別是家母的煩憂，不時呈現在他來信的字裡行間。家母不忍看著幼子一再受挫，勉勵他盡力而為，不要逼自己太緊。胞弟生前在汎球藥理研究所的工作，主要偵測台灣環境污染的問題。在給我的信中，提到一名十六歲工讀生不幸的際遇，提到煉銅廠污濁空氣中，及灣裡廢五金惡劣環境中討生活的人，句句充滿悲天憫人的情懷。

在我和佩文到加拿大留學期間，以及初到南部時，我弟弟無微不至地幫忙照顧家母以及我兩個女兒，並訴諸書信，生動地描述家裡情況，至今仍躍然紙上。信中嘗試分析比較兩名姪女的性情，捧讀再三，仍會令我心有戚戚焉！雖然將近二十八年的天人永隔，有時午夜夢迴，兄弟仍彷彿觸手可及，不時念茲在茲，又怎能隨時光遠逝而淡忘一世兄弟情！

3-9

悲喜交織的生命樂章

以一般華人對數字的期望，有兩個八字的一九八八年應該是非常吉祥的年份，至少在當年年初，我們預期會是如此。胞弟在元月結婚，我與佩文的第三個愛的結晶，在六月生產，是非常可愛、也非常符合家庭期望的小男生。正當一家人陶醉在有子萬事足的氛圍裡，卻難提防老天魔掌，硬生生地把年紀輕輕的弟弟及外甥召回天上，留下痛苦的家人。最難以承受這打擊的，莫過於兩位母親：大姊痛失力爭上游又年輕有為的長子，也是我們寄予厚望的外甥；家母則從小看著幼子在一連串挫折中長大，好不容易成家立業，正慶幸可以苦盡甘來，脫離苦海，卻不意掉入天人永隔的無底深淵中。

兒子的出生與胞弟的離別，相隔兩個月，在生命長河裡，彷彿是瞬間發生的事。若真有掌控人們生死的神祇，這令我們一家人又愛又恨的神祇，在極短暫時間內的舉動，確實讓我們措手不及。家母已經承受過喪夫及喪失一個兒子的雙重打擊，不能再有任何意外發生。我在弟弟發生意外的兩年內，不敢出國，連坐飛機到台北開會或上課，都儘量迴避，或改搭公路局的車子，甚至於野雞車來回，雖然辛苦又耗時，也感覺比較安全。孔子曾說：「父母在，不遠遊，遊必有方。」這固然是傳統子女守候在爹娘的身邊，早晚請安，盡孝道的表現，也不無一旦離鄉背井，不知是否會橫生意外，讓白髮人操心的考量。

事實上，在這之前，我們夫妻倆出國搭飛機，除非一家人在一起，否則儘量避免搭同一班，主要顧慮孩子小，若不巧父母搭同一班飛機，出了意外，孩子就要變成孤兒，這是我們絕對無法接受的事。在弟弟發生意外之後，更有產生寡母的顧慮，夫妻出國搭飛機，更嚴格遵守戒律，直到兒子長大成人前，都不敢逾越。

兒子生後就頂著一個大光頭，頭髮很久以後才長出來，樣子很像他大姊。事實上，姊弟之間的眼神及長相，非常神似。三姊弟在四個月大時的照片倘若擺在一起，除了老二頭髮一出生就很濃密，眼睛又大又圓，否則第一眼望過去，還真不容易分別誰是誰。至少兒子那可愛的模樣，在高雄長庚醫院醫護社區，確實風光一時，而「大光頭」的稱號，也伴隨他的童年好一陣子。我們非常幸運，在兒子出生之前，就找好一位家住台南的全職褓姆，兒子生後，她巨細靡遺地細心照顧，讓我們非常欽佩，當然也幫家母分憂解勞，特別在胞弟遇難期間，除了岳父母的幫忙，這位褓姆的用心，不但讓我們不用操心家裡的事，可以從容地在新竹辦後事，更讓兒子無時無刻地得到該有的照顧，無中斷之虞。直到兒子滿三歲，褓姆自己的孩子長大且準備成家立業，我們才依依不捨地揮別。如果真有命運之神，這位褓姆應該是命運之神垂憐，在我們最困頓的時候，給我們最好的補償！

當然兒子也非常爭氣，從小就不囉嗦，個性溫和，什麼東西送到嘴裡，都說好吃，很快變成圓圓胖胖，非常討人喜歡的小伙子，祖母帶出去，非常有面子。有孫萬事足，讓家母逐漸淡忘喪子之痛。我們一家人也以兒子為中心，和樂融融。唯一會吃醋的，是大他七歲的二姊姊，偶而會怪阿媽偏心，不疼她，有時故意找碴，叫弟弟端水給她喝，一下子嫌水太冷，要他加一點熱水，一下子嫌太熱，要他加一點冷水，傻乎乎的兒子，也只好照辦，有時會惹火我們。

我們一直以為兒子好講話，書唸得不錯，諸事順遂，直到多年以後，提到小時上學，被同學抓豬的經驗，才讓我們恍然大悟，兒子胖嘟嘟的體型，也隱藏被霸凌的不愉快。

醫院員工宿舍的球場，是兒子小時候騎三輪車最好的場所，附設游泳池，則是他戲水最方便的地方，無論兒子騎到哪裡，或游到哪裡，祖母總是跟在旁邊，簡直是焦不離孟，孟不離焦。宿舍旁邊圍繞著隸屬於省政府的熱帶實驗林，是我們一家人傍晚或假日，最常光顧的場所。筆者小時候在鄉下學到的一點小把戲，包括提水灌蟋蟀洞，逗毛毛蟲等，也傳授給兒子。當然在那麼好的場所騎車，是三個小孩最樂意的運動。

兒子出生後，我們買了一部錄影機，錄製三個孩子的生活片段，重點自然是最小的兒子，不時錄到爆笑的鏡頭。兒子稍長，在員工宿舍附設的幼稚園就讀，方便就近照顧。有一次心血來潮，到幼稚園探班，不意錄到兒子企圖逃學的鏡頭，也許乖小孩也有淘氣的時候，或者小孩不懂大人套招式的問話，從實招來。事後多年回顧該段影片，雖然是短短一兩分鐘的吉光片羽，仍不覺莞爾。

兒子雖然對我們及兩位姊姊，似乎百依百順，其實有他自己的原則。兩個姊姊小時候在台北請家教，教她們各自選的樂器鋼琴及長笛，到高雄以後，仍繼續學習。兒子從小耳濡目染，也想湊上一腳，我們以為他會從鋼琴或長笛二擇一，他卻很堅決地想學小提琴，我們也請了家教教他，他也學得很認真。二〇〇四年，二姊姊在波士頓結婚，他演奏小步舞曲助興，表現不俗。

兩位姊姊稍長大之後，我們請了家教，教她們英文及電腦。兒子還小，站在旁邊觀看，家教曾不止一次反映，這小子在旁邊偷學，我們以為無稽之談，因為老二（二姊姊）不只一次嫌他笨，算數都算不好，怎麼學好電腦，我們夫妻倆一直信以為真。儘管大姊姊一向對他比較好，理應比較崇拜她，其實不然，老二大學讀化工，他也跟隨念工學院，而不是追隨大姊姊學醫，而且還機械工程及應用數學雙主修，柏克萊大學畢業時雙雙拿到優等獎，令人刮目相看，更印證當年家教所言不虛，小子還真有兩把刷子。在筆者執筆同時，也獲得柏克萊大學機械工程博士學位，目前在特斯拉（Tesla）電動汽車公司任職。

雖然筆者不信基督或上帝，但是認同一位美國牧師的一句話：「老天在關一扇門的同時，會開啟另一扇門。」這也呼應俗話常說的：天無絕人之路，但看我們怎麼應變。除了少數特殊例子，多數人生命的樂章，逃不出悲喜交織的宿命。

3-10

墾丁公園醫學會議

民國八十一年，台大醫院陳維昭教授擔任中華民國小兒外科醫學會理事長，推薦我在南部承辦第十一次學術研討會。當時，高雄長庚紀念醫院眾多醫療相關業務都已經上軌道，有會議室，也辦過幾場醫學會，在自己醫院舉辦小兒外科醫學會學術研討會，應該是順理成章，省時又省力的事。在這之前，高雄醫學院的陳少勳教授，已經於民國七十六年在高醫辦過第三次學術研討會。若在高雄長庚醫院舉辦，雖然醫院場地不一樣，高雄能看的景點則無二致。當時還年輕的筆者，儘想標新立異，辦一場不一樣的醫學會。

先前到國外開會，常常有機會到令人驚豔的風景名勝參加，在嚴肅的會議之餘，還能寓教於樂，洗滌身心，一舉兩得，令我在接到舉辦研討會的訊息時，立刻動起見賢思齊的念頭。在這之前，我與家人到過墾丁國家公園幾趟，住宿過墾丁賓館，以及開幕不久的凱撒飯店。尤其後者，在高雄長庚醫院開幕第二年，林哲男教授邀請四位國際知名小兒外科醫師，包括美國 R. Peter Altman, Raymond A. Amoury, Arnold G. Coran 等三位以及香港大學 Htut Saing 教授於一九八七年十一月到台北參加長庚紀念醫院成立十一週年院慶，舉辦國際小兒外科學術演講會，我們順道承接這四位貴賓到高雄長庚醫院演講，會後遊覽墾丁國家公園及鵝鑾鼻，在凱撒飯店住宿，並留下美好回憶。這幾位小兒外科大師，後來在我撰寫高雄長庚醫院小兒外科訓練計畫時，成為最好的諮詢對象，他們也的確提供非常寶貴的意見。

另一次我邀請恩師陳秋江教授蒞臨高雄長庚醫院指導及演講，也與陳教授及方武忠醫師三家人，一同到凱撒飯店度過愉快的週末假期。墾丁國家公園風光明媚，當時唯一比較有國際水平的凱撒飯店，會議場地好得沒話說，有適合全家大小玩水的游泳池，中庭花園花團錦簇，隔一條馬路還有可以親近海水的小灣。就算待在飯店裡，吹著冷氣遠眺墾丁公園，也是無上享受。在六月舉辦醫學會，再適合不過了。

在度假勝地舉辦會議，在當時的台灣，筆者還未聽過，即使有也非常少。

雖然有人在台北圓山飯店辦過會議，也為了地利之便居多，能會議、休閒兩者兼得者，應該極有限。在飯店舉辦會議，包括場地在內，樣樣要花錢，為精打細算，會議之前跑了幾趟墾丁，與凱撒飯店的經理就每一項花費，包括房間費用，都加以詳細討論、討價還價。還好當時的墾丁，沒有像現在這麼熱門，旺季週末假日，房價動輒上萬元。當時的房間價格，只有現在約三分之一到五分之二的花費，依房型而訂，事前做過調查，小兒外科醫學會會員多負擔得起，就毫不猶豫地辦下去。

為顧及北部及中部遠道而來的醫師的交通，研討會訂在星期六下午一點開始，當天傍晚結束，節目進行要比平常醫學會緊湊，主要原因在飯店租會議室開會，租金以時間計價，也不便宜，故必須分秒必爭。當時謝志松醫師已經在小兒外科當研究員，加上黃秋雲、郭秀香兩位秘書，以及開刀房王慧玲護理師的幫忙，緊釘主持人及報告者，讓會議依節奏順利進行。雖然與會者不少，報告題目也多，還包括一個專題演講，以及一個綜合討論（symposium）。後者與邀請之兩位婦產科醫師，討論產前診斷及小兒外科會診之議題，在熱烈討論聲中，依然準時結束。當晚安排在游泳池池畔，花木扶疏、燈火搖曳的環境中烤肉，自是賓主盡歡。

在忙完一天的醫學會節目後，第二天早上再利用早餐時間，開個理監事會議，之後就是輕鬆時刻。我帶小孩到游泳池游泳，舒緩身心，當中巧遇一名熟識朋友帶著女兒玩水，太太沒來，當時好奇隨口問了一下，朋友答腔太太因為子宮頸抹片檢查，發現有不正常細胞，乾脆按照醫師建議做個小手術，把子宮拿掉，永絕後患，反正孩子有了，留下子宮也沒多大意義。説來輕鬆，聽者也不以為意。不料幾天以後，聽到側面消息，手術發生嚴重併發症。小手術衍生大問題，不僅病人輾轉醫院治療，該朋友也丟了工作。這個案例，令我一輩子想忘也忘不了，原因無他，對這位朋友是晴天霹靂，對醫療仍是新手的筆者，則是當頭棒喝。

這個案例，到底只是一時間倒楣的特例，還是醫療難以避免的常態？當時一頭茫然，事後仍不時遇上發生在身邊熟人的切身不幸醫療事件，凸顯醫療問題的複雜性，同一問題所得答案的不確定性。即使二十多年過去，墾丁國家公園風光依然明媚，凱撒飯店游泳池畔的中庭花園一樣花木扶疏，也一樣無助於解答複雜的醫療問題！

3-11

嚴峻的行業、可貴的新血

小兒外科這一行業，是醫界眾多分科中，最勞心勞力的代表。小孩子的問題可以從頭包到腳，從先天包到後天。小孩子也是最不會表達自己症狀的族群，在病程的發展上又特別快，尤其幼兒或新生兒，常常一轉身，病情就起了變化。小兒外科醫師要平平安安，順順利利地執行業務，神經一定要比其他醫療從業人員多一根，才夠敏感；腳程又要比人家快，才可以及時掌握病情。此外，還要有耐心，才不會被哭哭鬧鬧的小朋友亂了陣腳。當然，也要有察言觀色的能力，才可以從幼兒、父母或祖父母挖到診斷的線索。

以急性闌尾炎（俗稱盲腸炎）為例，成人可以清楚表達肚子痛什麼時候開始，什麼地方開始，什麼時候轉移到右下腹部，有什麼合併的症狀，再配合醫師身體檢查，以及實驗室的血液、尿液及X-光檢查，早期診斷，早期切除發炎的闌尾，不是難事。但是對學齡前兒童，同樣的病，症狀的表達不僅不清不楚，甚至於因為兒童或父母恐慌而誤導醫師診斷，筆者舉一個活生生的例子。

大約是高雄長庚醫院開幕的第三年，某一天的傍晚，有一名五歲的男童，由父母陪同到急診室，帶著開業醫師轉診的單子，上面記載腹痛疑似急性闌尾炎。當晚值班的外科住院醫師看了一下，不知何故，未電話告知我，還在病歷上寫下「appendicitis is not likely，不可能是闌尾炎！」家長只好帶著小孩回家，幾個小時後，小孩子肚子痛受不了，又再度帶來急診室，這時急診室小兒科醫師大概感覺不對勁，直接電話連絡我來看。小孩子有將近一天不敢下床走路，腹膜炎症狀非常明顯，開刀下去，闌尾發炎穿孔合併腹膜炎，術後抗生素治療將近一星期才出院。家長不滿第一次帶小朋友到急診室，居然有醫師告訴他們不可能是闌尾炎，讓疾病延誤治療！

當時還沒有全民健保，小朋友的就醫費用，當然要父母負擔。這位小朋友的爸爸，不滿中帶有一點理性的訴求，要弄清楚一般急性闌尾炎未穿孔病例的平均住院（含開刀）費用，他只願意交這部分的錢，因延誤導致多出的醫藥費，要求醫院自行吸收。我們自知理虧，也只好摸一摸鼻子認了。事後找這位住院醫師檢討，發現開業醫師告知家長小朋友要開刀並被送到急診室時，小朋友因恐懼而強裝症狀改善，父母也在不忍心小孩子動刀受苦下，竟然也相信孩子的話，如此串聯演出誤導醫師的判斷。當然，這位醫師沒有詳細的問診，包括小孩子肚子痛以後的日常活動，以及很好的身體檢查，也難辭其咎。更何況他犯了一個大忌，絕對不能在病歷記錄「不可能是闌尾炎！」醫療診斷只應有那些是最可能，那些比較不可能，絕不應該有太過武斷的字眼。畢竟我們不是神明，可以一眼洞悉病症。

這個案例還只是牛刀小試，另一病例更考驗著我們。病人是週歲左右的小女生，不舒服吃不好已經超過一天，肚子逐漸漲起來，開始嘔吐並大便明顯帶血，才送到急診室。也許是天意，當晚急診照會及手術病例多，值班外科住院醫師應接不暇，小兒科醫師直接電話找上我來看。我趕到急診室一看，小朋友已經呈現休克狀態，並有抽搐現象，在迅速的檢查以及補充大量液體並輸血之後，立即安排手術。術前告知家長小朋友是腸套疊，腸子有部分可能已經壞死。當天半夜親自操刀，切除壞死腸子並吻合上下端好的部分。術後住小兒科加護病房。但是小朋友休克狀態一直無法逆轉，兩天後依然撒手人寰。

重要的是，家長無法接受幾天前還非常活潑，總是笑嘻嘻的小女娃，更是全家上自祖父母，下至叔叔伯伯嬸嬸阿姨等人的開心果，在短短幾天內就走了。一家人要來討公道，給個理由，不無索賠的味道。還好，前述小兒外科醫師明哲保身的幾個原則，我一項都不缺。在第一時間趕到急診室看病人，面對一堆親友，把病情說清楚。住院過程，病歷記錄詳實，無懈可擊。最後全家人只好無可奈何地接受。事後瞭解，小女娃的父母，年紀輕輕，沒有什麼收入，孩子又延誤送醫治療，醫療花費不少，命還不保，眾親友責難之聲，可想而知。

當然，驚險的病例，不只上面一兩件。曾經有一名先天性巨結腸症的小朋友，術後恢復很好，活潑、健壯，很討人喜歡，卻在一次急性腸炎腹脹、腹瀉發作下，短短幾個小時被病魔擊倒，病情急轉直下，敗血症休克就走了。身為醫師卻應變不及，家長雖然不怪罪，彼此其實都很難過。另一名頸部通腋下血管瘤的病例，手術過程順利，卻因術後出血，又錯失輸血挽救的時機，讓小朋友走了。事後筆者非常扼腕懊惱，在和家屬面對面解釋時，幾乎是帶著負荊請罪的心情去，沒想到父母態度異常平和！他們說手術前曾經請示過神明，必須到長庚醫院找我們開刀，發生這種事，怨不得他人。當下淌血的心境，並沒有立即釋懷，只感嘆可能發生的醫療糾紛，竟然由神明化解，莫非整件事都是天意？

可惜，幸運之神並不會常常眷顧隨時有風險的小兒外科這一行，我的一名同事就不幸碰上醫療糾紛，而且因此而纏訟近十年，從青春至中年，司法罩頂，如影隨形，再堅強的人，意志也會消磨殆盡。幸好他挺得過去，但是也因此衰老許多。這麼辛苦又常常得犧牲自己荷包的行業，任何願意獻身此行的人，幾乎等於天使的化身。繼謝志松醫師之後，有李信儀、李蕙鳴及江俊宏醫師陸續加入，當然還有幾位代訓、輪訓或短期共事的醫師，不克一一羅列。因受制於出生人口銳減，病例數目難以維持超過四位以上之主治醫師，值班頻率自然高，繁忙與壓力均遠高於其他醫界同業。

民國八十四年三月開始實施全民健康保險，小朋友也納入保險，小兒外科醫師不用再考慮病人家庭收入而減少收費。但是全民健保實施初期，對一般外科及小兒外科並不友善，以急性闌尾炎手術為例，健保署訂定的手術點數，竟然比一次洗腎的費用還低，莫怪乎坊間洗腎中心林立，醫院卻招不到外科住院醫師。後來政府有動作調高手術費用，並給予小兒加成，小兒外科這一行，總算可以喘一口氣。當年十一月十二日，兒童醫院成立，雖然聊備一格的成份居多，但是有自己的病房，有專屬的辦公室及秘書李麗華幫忙，感覺很踏實。如此一晃二十年，直覺輕舟已過萬重山。

雖然是嚴峻的行業，也有溫馨感人的一面。在我離開台大醫院外科部後的第四年，有一天在路上碰到一個媽媽帶著一名活潑可愛的小男孩，媽媽跟我打招呼，我愣了一下子，才想起她就是我當台大醫院小兒外科總住院醫師時，花三個多月照顧過的一位壞死性腸炎的新生兒的媽媽，因為互動時間長，彼此已經熟識，只因四年不見，一時想不起來。當然，眼前這位小男孩就是當年從死亡邊緣搶救回來的嬰兒。聽著媽媽催促她兒子快跟我這位救命恩人打招呼，心中有無限的甜蜜。天下文化出版《一位外科醫師的修煉》一書裡，作者葛文德醫師所說的一段話，正呼應我當下的感受，他說：「醫學是一門不完美的科學，我們之所以為這門科學所吸引，是因為扭轉乾坤的一刻，以自己的知識，能力或本能，改變了一個人的一生，讓這人過得更好。」

成大醫學院創院院長黃崑巖教授，生前出版過一本書，名為《醫師不是天使》。書中對醫師的難為，有相當程度的著墨。小兒外科醫師當然不是天使，我們這一行的醫師也希望過一般人的生活，只是行業特性，常常得犧牲假日或夜間正常作息，還得面對兒童病情千變萬化的風險。我們盼望這難為的一行，能獲得大眾的關愛，則可貴的新血，能生生不熄，繼續傳遞香火，為有須要小兒外科醫師幫忙的兒童把關。

3-12

黃崑巖院長的三堂課與昭鋐兄的分子生物學

民國八十六年，長庚大學張昭雄校長、醫學院李英雄所長，任命我擔任臨床醫學研究所高雄分班負責人，可能是借重我在加拿大實驗外科訓練的學歷，和回國後持續不斷的研究經驗。研究所開門三件事：研究生、教職員與設備，都是命脈所繫，缺一不可。

國內的研究生，有相當多的必、選修的課程。為了讓學生接觸各領域的專家學者，除了所內的專兼任老師，我們透過各種管道敦聘名師上課，其中不乏遠從台北中研院、台灣大學或陽明醫學院等等來的，包括現在台灣大學校長楊泮池及馬偕醫學院院長魏耀揮教授，均曾經一次或多次蒞臨指導。在當時李英雄所長，民國八十七年後又升任醫學院院長的支持下，上課老師的數目沒有上限，數量相當多，曾經有一學年度上課老師的數目超過五十位。許多老師的課，叫好又叫座，包括李所長自己的課，常常走在時代尖端，有發聾振聵之效。另外，以生物統計為例，先前有中山大學張學文教授等老師的幫忙，隨後輔以盧成皆教授的生物統計研討會，則不僅彌補一般臨床醫師生物統計知識的不足，也導正我們在臨床統計常會誤蹈的錯誤，讓我們高雄長庚醫院的醫師，不管有沒有就讀研究所，都受用不盡，生物統計研討會也因此連續辦了好幾屆。可惜盧成皆教授定居國外，不克常年奔波於途，永續辦理。幸好，本院胃腸肝膽科的盧勝男教授，能發揮其公衛及統計的專長，延續生物統計及臨床醫學研究法的精髓。

身為分班負責人，找老師上課雖然辛苦，也獲益良多。舉兩個例子。第一，為充實臨床醫學研究法的課程，我邀請不少名師上課，其中包括中山大學神經科學卓越研究中心陳慶鏗教授，講授並分享他對研究的獨到見解，不只一般研究生，連筆者也學到很多。這門課還有一位老師，非常值得為文追述，就是成大醫學院創院院長黃崑巖教授。

筆者非成大人，也非黃院長的入門弟子，但我的兩位恩師，前台大醫院小兒外科陳秋江教授，以及加拿大 McGill 大學心臟及胸腔外科邱智仁教授，都是黃院長的大學同學，因緣際會，於民國八十九年、九十一年及九十四年，三度邀請到黃院長給我們所內研究生講課。雖然教授的對象只是十幾二十位研究生，而且傳授同一科目「臨床醫學研究法」，但是黃院長的用心和細心，從三堂課講授三個不同的題目，可見一斑。

黃院長第一堂課講的題目是「好奇心，觀察與治學」，從達文西開始，談到研究者必須要有強烈的好奇心，細心觀察，治學方能有成。其間旁徵博引成功研究者的故事，對研究生的啟發，自是無與倫比。第二次講「科技發展對人文精神及人文關懷的衝擊」，對終日埋首研究，少過問人世間事，可能帶來的負面影響，有相當程度的針砭，也呼應他在那段期間，發表相當多批判時事的文章。第三堂課，可能對國內研究生英文素質不佳，不足與國際接軌，有所感觸，乾脆講「How to study English well ！」。很多人知道黃院長通曉多國語言，包括一般人望文生畏的俄文。他把學習外國語言的個人心得，深入淺出地介紹，以中國悠久歷史的「茶」為例，在南方產茶的福建省，閩南語發音為「Tei」或「Dei」，傳到南洋、印度、錫蘭，輾轉到英國，就成英文的「tea」。相對地北方中文的發音「茶」，傳到俄國，仍維持「茶」的音。雖然語言不同，但結合人文史地的學習模式，讓他在學習外國語文上，常常能發揮事半功倍之效。

那段時間，黃院長出版一本書，書名就是《醫師不是天使》。書中有兩篇文章，題目分別為「勿盼醫師成天使」及「良醫與好病人」，對醫師的難為，有相當程度的著墨。其中一段提到「如果醫學界冀求醫師們虛懷若谷，醫師也希望把這觀念投射給病人。一般輿論常關心醫師的良窳，但鮮有人討論如何做一個好病人。如果不做好病人，往往從今日發達的醫療享受不到最大的好處，吃虧的還是病人，怎可不多加省思？」哲人日已遠，典型在夙昔。黃院長的治學、入世情懷，自成一格。即使筆者與黃院長僅有數面之緣，也能感同身受。

我與李昭鉉的結識，始於大學時代。昭鉉兄在台大念研究所時，認識了他的夫人振華，而振華正是我太太佩文在高中時期最要好的同學。雖然我與昭鉉兄在唸書的時候，彼此都曾照面，但除振華與佩文較熟捻之外，我與昭鉉兄只能說有一面之緣。畢業後，昭鉉兄與振華一起出國，而我與佩文結婚，也因此每年在聖誕節時，看到她與昭鉉夫婦有卡片往來，互祝平安快樂。直到一九九八年夏天，在美國印地安納大學任教的昭鉉兄到大陸講學，過境台灣順道拜訪我們，我們請他做了一場演講，才發現昭鉉兄在分子生物學的造詣及才華，正是我輩最欠缺也最仰賴的部份。做為臨床外科醫師，自己對這個領域一知半解，儘管猛啃分子與細胞生物學的教科書，但是對課文中許多名詞涵義及串連每個實驗步驟的原理，很難完全理解。

就在昭鋐兄來訪後，我與李所長商量，並獲得王清貞院長及國科會的支持，在高雄長庚醫院舉辦分子生物學技術方面的研討會，正式邀請昭鋐兄於民國八十八年八月擔任主講並親自主持研討會的實驗部分兩星期。本人也親聆所有的課程，因此受益匪淺。親身聆聽昭鋐兄的課，彷彿一夕之間打開了分子生物學的潘朵拉盒子，以前看不懂的名詞，弄不清楚的步驟，豁然開朗。為什麼PCR 要用 Taq DNA polymerase，為什麼每一步驟的溫度需要控制得那麼精準，如同任督二脈在剎那間被打通一般，能夠切身感受到分子生物學的堂奧，妙不可言。因此從民國八十八年起，到我於一〇一年二月一日從長庚大學醫學系退休，也同時卸下研究所相關行政業務止，我一共請昭鋐兄在高雄長庚醫院主講分生技術七次，每次造福上百學員，其中不僅有醫師、研究生、研究助理，更不乏本身已是大學教授、學有專精之士。每次調查學員對李教授上課的滿意度，都在九成以上。

個人有幸參與研究所的事務十四年又八個月，見證研究所分班的萌芽與茁壯，身歷其境各色各樣分子與細胞生物學的奧妙，最後還勞駕繼李英雄教授之後擔任所長的王馨世教授，率所內全部同仁，南下到高雄為本人舉辦盛大退休儀式，令我大為感動，也劃下本人意想不到地璀燦的句點。

3-13

書劍春秋

學生時代，就耳聞許書劍教授的大名，主因許教授溫文儒雅，又恰好是動刀的外科醫師，頗符合金庸小說《書劍江山》（又名：書劍恩仇錄）俠義的封號。實習醫師的時候，許書劍教授擔任外科部主任，近距離觀察接觸，才發現外科醫師也可以有書生論劍的情操，不必展現殺伐之氣。當住院醫師的時候，能跟隨作風迴異的各色老師們開刀，實在是一大福氣，彷彿是武俠小說中的群英會，能見識各路刀法與劍術。只是當時有的老師脾氣很大，當一名小小住院醫師想到要跟刀，也會小生怕怕。許教授是少數老師中，能讓年輕醫師站在手術抬邊，不會有太大壓力的長者。其刀法俐落，簡明流暢，自成一格。照顧許教授的病人，除了少數VIP，其他都可以有住院醫師揮灑的空間，不會有動輒得咎的拘束。

有一本老外 Ruth Benedict 寫日本人的書，書名叫做《菊花與劍》，多年前看過後，一直留下深刻的印象。回憶跟隨許教授的日子，很自然想到菊花與劍。許教授在日本習醫，也成為日本人的女婿，許多作風有日本人綿密有致、條理清晰的風格，彷彿像菊花般典雅，動起手術刀卻無黷武之氣，在早期外科界，也堪稱一絕。中國古典文學及文化中，梅、蘭、菊、竹合稱四君子，許教授的作風，正符合傳統君子的含意。

一般人想到外科醫師，就很容易聯想喜歡動刀，肚子裡面沒有多少學問的一群人。的確，在中古世紀，外科醫師與理髮師及屠夫是歸屬同一類，代表骯髒不太受尊重的行業。外科變成一種專業（profession），並且受人尊重，發生在十九世紀之後，外科專業養成的四個條件都具備了，才開始令人刮目相看。外科專業的四個要件，包括：（一）對人體解剖的了解；（二）有止血的方法；（三）能麻醉止痛；和（四）避免感染。

對現代外科醫師而言，麻醉止痛已經有麻醉科專科醫師代勞，止血和避免感染也都有隨著科技進步，而大幅躍進的方法可以引用，外科醫師個體間唯一最大的差別，反而在人體解剖學了解的深淺，以及因此按部就班，一步接著一步，調理分明的手術步驟，這也是我的老師陳秋江教授隨時叮嚀我們注意解剖層次（anatomical plan）的原因。一步沒做好，很可能就亂了步調，導致原先可以避免的併發症。

個人從事外科超過三十六年，深深感受要當一名成功的外科醫師，除了注意解剖層次，也必須培養職業的敏感度，養成良好的判斷能力，懂得外科醫師動刀，如古代將士動武器之凶險，一刀下去，非死即傷，無轉圜的餘地。因此，能正確判斷病人適不適合接受手術，是否非手術不可？什麼時候手術，選擇什麼手術式最好，都非常重要。最好能進一步察言觀色，知道病人想什麼，家屬的要求是什麼。外科常常可以在瞬間決定一個人的生死或改變一個人的命運，如此決勝常在屈指之間的醫療行為，成敗自然須要毫釐計較，方能明哲保身。否則稍一不慎，即有可能官司纏身。

無論解剖部位的選擇，手術技術的養成，良好的判斷能力，甚至於職業的敏感度，有少部分是天生的，更多是從手術臺邊或書本上，一點一滴學來的。勤能補拙，至少在外科還是至理名言。有一位知名的小兒外科醫師，也是研究腫瘤血管新生聞名於世的福克曼（Judah Folkman）醫生，曾感嘆說：「對於不起疑竇的大眾，一旦落入只用小腦開刀的外科醫生手裡，動起刀來就威力無比且危機四伏。」他個人深知外科的險境，並且清楚與喜愛的研究不可能長久搞在一起，在魚與熊掌不能得兼之下，選擇了後者而放棄開刀。但是對於以手術為終身職志的絕大多數外科醫生，我們只能時時刻刻警惕自己，是否每一分每一秒都用心、用大腦在每一個病人身上。

即使一向很小心、謹慎，個人也碰到一些特例，造成意料之外的狀況，在先前的文章中，大多已經披露過，也曾因此嚇出一身冷汗，輾轉不能成眠幾個晚上，甚至於黯然一陣子。當然，這充滿危險的外科行業，有它吸引人的一面，套句一個外科醫師 Craig A. Miller 在其所著的書《The making of a surgeon in the 21st Century》的話：「我看到問題，也把它解決了。」（I saw the problem and I fixed it），就這麼乾淨俐落，不拖泥帶水。可以說，外科是少數可以按照自己意思行事，很快看到成果，甚至欣賞成品的行業。但是成也蕭何，敗也蕭何。人人都想要成為不敗的蕭何，談何容易。如果書本代表新知識的源泉，則書與劍相輔相成，也才是外科醫師安身立命之道。

從事外科這一行，難免想到有千年以上歷史的劍道。劍道源起於中國，隋、唐時傳入日本，在那裡發揚光大，並注入禪宗精神。劍道著重人格心性的養成，講求氣、劍、體合一，強調的是第一擊，一擊必殺。這和外科醫師的修煉，不謀而合。此外，劍道裡的禪宗精神，講究天人合一，外科醫師也自不例外，必須時時刻刻找到自己天人合一的一面，也就是找到人生的平衡點。有人說過，當一個人想站到高處時，常常只有一個辦法，就是有人在翹翹板的低處支撐著你，也許是家人，是愛人，或是被你幹掉的人。意即不管你喜不喜歡，在往高處爬的過程中，不免犧牲與家人共處的時間，或甚至於排擠同科其他人的利益。這時，我們就要發揮智慧，懂得謙讓，時時準備退一步海闊天空，才能基業長存，擁有數十個平安順利的春秋。

3-14

改變體質因應身體走下坡

小時候常聽長輩警告，人的身體不是鐵打的，意思是人隨時會生病或受到傷害，所以要保護好身體。後來買了汽車，發現車子折舊更快，鐵打的東西，一樣不可靠。個人勤於勞動，所以身體方面，除了小學四年級，有一陣子皮膚莫名其妙地起疹子，之後再也沒有碰到什麼狀況。四十歲之後，老花眼出現，白頭髮也一根接著一根冒出來，才發現自己不復從前，已經走在下坡的路上。

高雄長庚醫院開幕時，住在我們隔壁的皮膚科主任，後來到外面開業，幾年後不幸因肺癌過世，去世時還不到四十，令人感到惋惜，也令我們心生警惕。但是自恃體力沒什麼改變，也一直不以為忤。父親英年早逝的警訊，漸漸地被淡忘。直到幾年前的一天，從藤枝森林遊樂區參加樹海音樂會，結束後開車回來的路上，突然感到天旋地轉，好像碰到八級以上的地震，趕緊將車子停靠路邊，問了同車朋友，沒有地震這回事之後，才感覺勢態嚴重，身體確實出狀況了。

回來不久，碰上醫院體檢，空腹之三酸甘油脂居然破千，比前一年的四百多，竄升幅度驚人。顯然前一年的數值不是好玩的，個人疏忽，差一點鑄成大錯。先前偶而暈眩，已經放出警告。更進一步的檢查，發現頸動脈及冠狀動脈，都有狹窄鈣化的現象，還好不是很嚴重，還可以努力再造。

從事外科超過三十年，習慣以外科方式思考、解決問題，連內科為主的問題也不例外。為避免身體持續惡化，只有釜底抽薪，從根本做起，易言之，就是改變飲食與運動習慣。先從飲食說起，我直覺認定自己吃得太多，超過身體負荷。回想小時候，一碗飯淋上醬油或加上黑糖，頂多再配上一點青菜或醬菜，就可以過一餐，連帶到學校的便當也不例外。偶而有蛋可以吃，但即使是一顆蛋也須要與姊妹分，極少有獨享的機會，至於雞鴨魚肉，則只有在初一十五，或逢年過節拜拜時，才有機會沾上。在如此貧乏的物資下，雖然面有菜色，儲存骨本不足，甚至於造成 O 型腿，但是人也不停地長大。

反觀現在的飲食，餐餐雞鴨魚肉不斷，如果再配上米飯或麵食，沒有不過量的。個人認為千百年來，多數人都活在米飯、麵食、蕃薯或馬鈴薯為主，意即碳水化合物為主的食物鏈裡，我們的胃腸早已被訓練成能將這些碳水化合物，轉化為身體須要的絕大多數物質，就像貓熊可以單靠竹子長大，人也有這個本事，只不過雜食性的人類，在第二次世界大戰後，科技飛速演進的同時，食物也變得超豐富，若不節制，只有跟自己身體過不去，產生代謝相關疾病。

個人健康問題的根源，已經很明確，魚與熊掌不可兼得，飯或菜必須擇一劇減。從演化的觀點看，個人認為我們的胃腸對菜中的脂肪或蛋白質的吸收，應該遠不及對碳水化合物的吸收。美食當前，佳餚不能拒絕，只有從飯及其他碳水化合物下手，每餐至少砍掉一半以上的飯。先前喝咖啡加糖，甚至於嗜吃含糖冰品的「惡習」，也一律戒掉。

運動習慣也跟著大幅度調整，原先幾乎只有假日才與朋友爬山運動的做法，改成天天動，無時無刻不動，只要有樓梯可以往上爬，就不坐電梯或電扶梯。每天下班回家，無論多晚，都要在住家附近快走二十分鐘以上。假日則到澄清湖或溪頭、日月潭等有森林綠地的地方健行，週而復始，努力不懈，不僅空腹之三酸甘油脂一個月內降到一百五十以下，而且一直保持平穩。頸動脈狹窄的問題，一路追蹤下來，沒有再進行或惡化。事實上，這幾年絕少出現暈眩現象，也印證身體再造，為時未晚。

孔子曾經稱讚他的弟子顏回：「賢哉回也！一簞食，一瓢飲，在陋巷，人不堪其憂，回也不改其樂。」現代人即使再窮，也鮮少單靠簞食瓢飲過日子，反而吃得太多，用掉的太少，造成問題。國家衛生研究院溫啟邦教授，發表在二〇一一年十月一日《The Lancet》期刊的文章說：平常不運動的人，如果每天做十五分鐘或每週九十二分鐘的中等強度的運動，就可以減少死亡率百分之十四，或增加壽命三年。運動越多活越久，每日一百分鐘最佳，可延壽五年。這剛好呼應我們常用的詞彙：活動。拆開來說，活動就是要活就要動，要活得越久，要活得越有品質，就要吃得有節制，動得越勤快！

3-15

盡其在我 簡潔是美

自古以來，人對自然的規律和自己的命運無法掌握，因此將它歸之於老天或神祇的旨意。孔孟思想，將天看作有意志的主宰，於是發展出「盡人事，聽天命」的積極、入世作為。由於孔孟學說，深植華人心中，傳統社會也逐漸發展出「謀事在人，成事在天」的說法，這和清代名將曾國藩的座右銘「盡其在我，聽其在天」，不謀而合。

多數人在世，汲汲營營，似乎片刻也停不下來。尤其手機通訊發達的這個世代，很多人從眼睛張開到闔上，無時無刻不在線上，彷彿一刻不與他人聯上，自己就不存在。靜坐或冥想，竟然成為少數人近乎奢侈的行為，想起來既悲哀也很恐怖！在古時候的農業社會，生活步調緩慢，沒有高科技的方便工具，與遠近人士溝通、傳情。

多數人的人際交流，局限於前後左右幾個村莊的村民，偶而到縣城走一趟，回來就足以跟左鄰右舍吹噓老半天。

孔子說過：「吾十有五而志於學，三十而立，四十而不惑，五十而知天命，六十而耳順，七十而從心所欲，不踰矩」。這句話凡念過《論語》的人也都耳熟能詳，這其實是孔子一生閱歷的心得，也是傳授給他弟子人生經歷的大綱。這裡面沒有提到他從小打算從事什麼行業，這個行業是不是他小時候就規劃的。也許那個時代行業比較單純，士為四大行業之首，當然當官第一，只是孔子仕途不太順遂，少提也罷！

人生可以規劃嗎？至少對一個人而言，答案是肯定的，他就是美國第四十二任總統比爾柯林頓，在他十七歲的時候，以少年國家參議員身分，有幸到白宮，蒙約翰，甘迺迪總統接見，從此立下當總統的「李伯大夢」，並獲得兌現。但是對一般人，特別像我這樣的凡夫俗子，人生的早期其實沒什麼遠大的規劃。

嚴格說來，自己這輩子面臨許多的選擇，起初都像牆頭草一般搖擺不定。從這個觀點看，就不難聯想莎士比亞著名戲劇主角《哈姆雷特》在第三幕的一句名言：「To be or not to be, that is the question!」翻譯成中文，就是「做還是不做，這是一個問題」。哈姆雷特面臨生死了斷的重大抉擇，搖擺不定情有可原。回頭看看自己，勉強踏上了醫學的道路，途中更是波折不斷。當住院醫師的時候，發現人體結構和組織運作的複雜性，超出書本片段式的介紹。病人對手術的反應，及術後的復原，也無既定模式可以遵循。明哲保身之道，就是勤於記錄治療心得，希望有朝一日，可以成為萬變都難不倒的治病寶典。也勤於跑腿，病人一有狀況，及時現身，迅速解決。治病寶典的夢想，至今依然無解；勤於跑腿的結果，倒是化解不少病人及家屬的問題。只是日復一日，不管三更半夜或刮風下雨，都不能偷懶，也實在不是一般人可以長期撐得下去的。幸好冥冥之中有一股動力，有一條傻勁基因在支撐，無論在那一個地方，扮演那一個角色，就是要盡力而為。既然選擇醫學這條道路，就要認命。

朱元璋的軍師劉伯溫以神機妙算而著稱於世，享譽民間，也有失手不如意的時候，才曾經這樣自勉：「豈能盡如人意，但求無愧我心」。人生在世，不可能日日花好月圓，時時順心如意。重要的是，能抓住精彩的每一天，盡情發揮自己的潛能，縱然不能做到盡善盡美，也要做到問心無愧。

個人從事外科超過三十六年，也有幸擔任過外科部主任，醫院副院長及代理院長。回首外科這一行，難免聯想到傳統武術。武林中人講武術，最希望分寸拿捏都合宜，動靜都恰到好處。大家都知道李小龍把中國武術發揚光大，打入西方電影界。其實李小龍本身，學識修養都很好，我最欣賞他講的一句話：「盡其在我，簡單是美」。簡單有時會讓人產生太過容易的誤解，因此我將它修改為「盡其在我，簡潔是美」。無論個人做過多少事，盡過多少力，生活該精彩的時候不忘盡情享受，像肆意綻放的花朵，該收斂的時候悄然收斂，像繁華落盡的秋葉，讓絢爛歸於平淡。

高雄長庚醫院開幕後，佩文攝影於大埤路邊小貝湖旁，時為春天可見種稻，背景為醫院。

民國 78 年陳秋江教授（左 3）演講後，與夫人（左 4），方武忠夫婦（左 1、2），林哲男夫婦（右 2、3）與筆者（最右），及佩文（照相者）同遊嘉義瑞里。

兩位姊姊與弟弟合影，尚未滿一歲的兒子仍頂著大光頭。

民國 79 年 3 月，祖母與兒孫合影於阿里山。

筆者弟弟與弟媳和將滿月的兒子，也就是他們的姪子合影。

在高雄長庚醫院會議後，（自左至右）美國 Raymond A Amoury. Arnold G. Coran, ,R. Peter Altman 及香港大學 Htut Saing 教授與夫人、助理等與佩文（右 2）遊墾丁公園。

小兒外科同仁合照：自左至右，黃淑貞護理師、石敦義（代訓）、筆者、林秋芬護理長、李信儀、謝志松。

臨研所高雄分班成立，邱智仁教授（中）蒞臨指導與筆者及 7 位同學合影。

2006 年 7 月研討會期間，李昭鋐教授（前排右 4）與與筆者（前排右 3）以及參與同仁合照，大家都很開心。

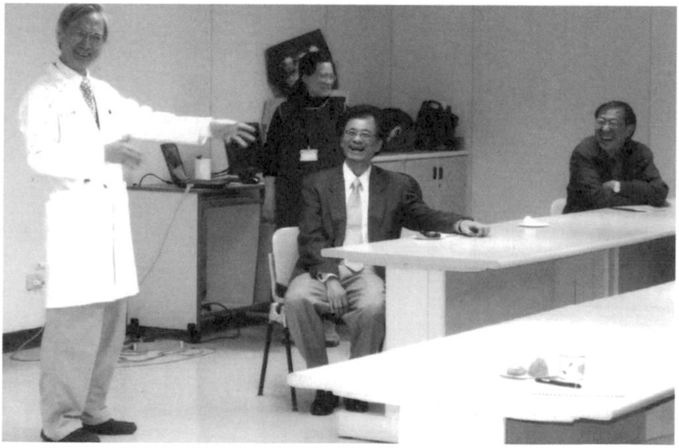

筆者自臨研所榮退時，王馨世所長（中）率團歡送，與蕭長春（右）以及秘書謝淑娟（站立），相顧而笑。

觀成長 011

過河卒子：一名外科醫師未預期的人生之旅

作者—莊錦豪
視覺設計—李思瑤
主編—林憶純
行銷企劃—許文薰
內頁設計排版—時報出版美術製作中心
董事長
總經理—趙政岷
第五編輯部總監—梁芳春
出版者—時報文化出版企業股份有限公司
10803台北市和平西路三段二四〇號七樓
發行專線—（〇二）二三〇六六八四二
讀者服務專線—〇八〇〇二三一七〇五
（〇二）二三〇四七一〇三
讀者服務傳真—（〇二）二三〇四六八五八
郵撥—一九三四四七二四時報文化出版公司
信箱—台北郵政七九～九九信箱
時報悅讀網—www.readingtimes.com.tw
電子郵箱—history@readingtimes.com.tw
法律顧問—理律法律事務所 陳長文律師、李念祖律師
印刷—勁達印刷有限公司
初版一刷—二〇一六年六月二十四日
初版二刷—二〇一六年七月二十六日
定價—新台幣二八〇元
⊙行政院新聞局局版北市業字第八〇號

國家圖書館出版品預行編目（CIP）資料

過河卒子：一名外科醫師未預期的人生之旅 /
莊錦豪作 .
-- 初版 . -- 臺北市 : 時報文化 , 2016.06
264 面 ; 14.8*21 公分

ISBN 978-957-13-6632-6(平裝)

1. 莊錦豪 2. 醫師 3. 臺灣傳記

783.3886 105007042

ISBN 978-957-13-6632-6
Printed in Taiwan